くるみの里のレシピ集

信州 くるみ日和

kurumi biyori

はじめに

日本一のくるみの産地 東御市より
くるみのレシピ集をお届けします

編集長　花岡かつ子

運命の出会い

紀元前７０００年の昔から、人類が食用として来たくるみ。栽培くるみの原産地は、古代ペルシャと言われています。そのペルシャから、シルクロードを旅し中国、朝鮮を経て東回りで伝わった「かしぐるみ」は１６００年代にこの地方に持ち込まれ栽培されていました。一方ペルシャから西回りに、ヨーロッパを経てアメリカ大陸へ渡った「ペルシャぐるみ」は、明治時代に横浜や軽井沢を訪れたアメリカ人貿易商やイギリス人宣教師により持ち込まれました。

長い時を超えてこの東御市で「かしぐるみ」と「ペルシャぐるみ」は出会いました。

熱き思い

この地で自然交配を繰り返すくるみを熱心な生産者、研究者が改良を重ね、殻が薄く割りやすく、おいしい実がたくさん入った優良な品種のくるみを誕生させました。これが「信濃くるみ」です。

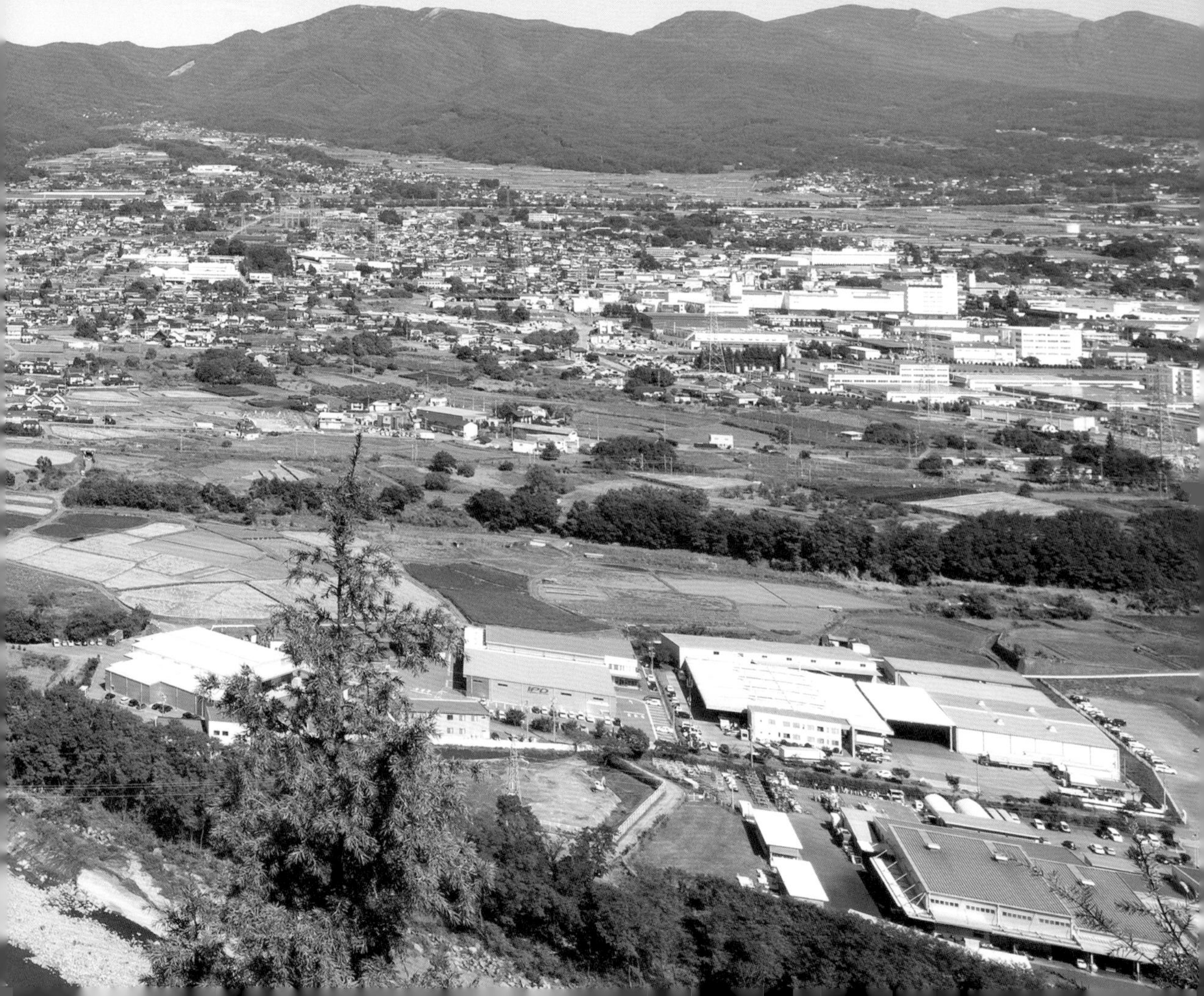

地の利

浅間連山の南麓。火山灰土で水はけがよく、南斜面で日照時間が長く、昼夜の寒暖の差が大きく、さらに降水量が少ないという好適地で「信濃くるみ」は育っています。「浅間のけむりの見える所に、くるみは育つ」と言われているほど。

大正天皇即位記念にと全戸にくるみの苗木が配布されました。どこの家にもくるみの木があり、畑の角にもくるみの木がありました。秋になり実ったくるみを割る時は、しみじみと秋を、ふるさとを感じる瞬間です。また、人が寄る時はいつも、おもてなしのお料理としてくるみ料理が作られます。

くるみを割る、炒る、渋皮をとる、すりばちで擂る。一つ一つ手を抜かず手間をかけます。子供たちはワクワクしながら手伝います。母の仕草をみながら、おもてなしの心を受け継ぎます。楽しい時間、豊かな時間、くるみがくれたこの上ない母との思い出です。

レシピ集

くるみは、近年その栄養価が高く評価され注目されています。おいしく食していただくことをお伝えしたく、この地方で愛され作り継がれている郷土料理と、四季折々の「くるみがおいしい」「くるみによっておいしい」創作料理をお届けします。

信濃くるみに込められた生産者の方々の思いと、愛されたくるみたちがこの本の中で語り掛けてくれることを願って。

標高2,000m級の浅間連山と千曲川を望み美しい風景が広がる東御市

くるみの里のレシピ集

信州 くるみ日和

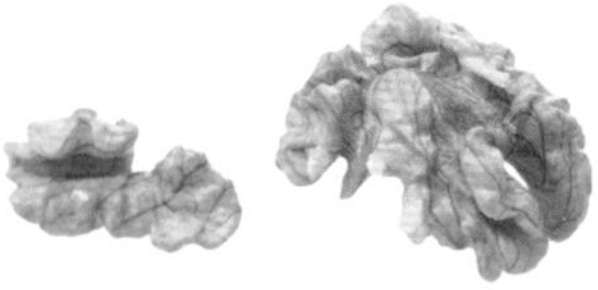

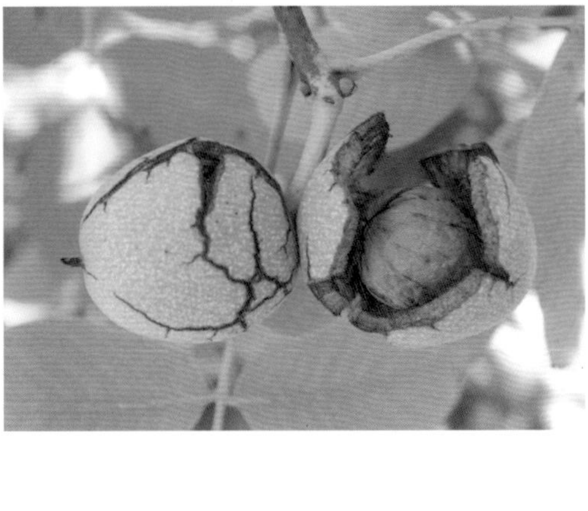

くるみ街道

ころころ、くるみのこと

くるみは原産地を離れて、ころころと世界中を旅する過程で、自然交配と品種改良が繰り返され、くるみ栽培に適したひだまりのまち「東御市」にたどり着きました。
知っているようで知られていない人類の大切なパートナー「くるみ」のことをわかりやすくご紹介します。

くるみのある暮らし

くるみは人類が生きていくための栄養源としてだけではなく、古来から世界中で衣食住のあらゆる面で幅広い活用がされてきました。東御市の日常生活で、くるみはとても身近なものです。「くるみは割る音以外、無駄はない」なんてフランスのことわざがあるほど！

木材としての利用

くるみは木材としては「ウォールナット」の名称で扱われ、マホガニーやチークと共に三大銘木として、世界中で利用されてきました。木目が美しく、重厚で割れにくく、加工がしやすい性質であり、カウンターや机の天板として広く使われています。

殻はガーデニングや研磨材として

くるみを割って中身を取り出したあとの殻は、そのままの形で庭や鉢に敷きつめて雑草を抑えたり、ガーデニングのデザインに活用されます。また、細かく砕いた殻は工業用の研磨材や、ペットの匂い消しにと多用途に使われています。

通学風景

日本一の産地で育つ子どもたちの通学路には、大木に育ったくるみ園があり、昔は道に落ちていたくるみをおやつ代わりに食べて育ったと、懐かしそうに語る年配の方が多いです。いまの子どもたちにとっては、暑い夏の通学中には日よけとなり、生まれ育った町の景観として記憶に残るはずです。

くるみ染め

くるみの外側を包む緑色の果皮や樹皮、緑色の葉には、タンニンが豊富に含まれているため、繊維の染色材料としても活用されていて、日本でも奈良平安時代から糸や布、和紙の染料として用いられてきました。
染まった黄褐色を「胡桃（くるみ）色」と言います。
また、西洋では古来からインクとして利用されてきました。

日本一のくるみの産地

東御市はくるみの里

秋の味覚の木の実といえば日本では栗、欧米ではくるみが代表的です。欧米ではどの家庭でもおなじみのくるみも、日本での栽培は珍しく、長野県の特産品になっています。世界各地で栽培されているのはペルシャグルミ系の栽培種です。日本国内では長野県がくるみ栽培でシェア80%近くにのぼります。中でも中心地は長野県東部の東御市で、その半分以上を占める全国一の生産量により「くるみの里」と呼ばれています。

　また、東御市は日本が誇るシナノグルミ優良品種の生まれ故郷でもあります。元々東御市では、江戸時代頃より滋養豊かな木の実としてくるみが植栽され、昔から地域に密着して親しまれてきました。

くるみの花と花言葉

　くるみの花は雄花と雌花が別で、風媒花です。爽やかな5月、萌黄色の雌花は風に乗って運ばれてくる雄花の花粉を受け止め、くるみの実を育みます。

　くるみの花言葉(雌花)は「知性」。5月19日の誕生花です。実が脳の形と似ているので、頭の働きが良くなると信じられたことに由来するようです。

くるみを食べる

「くるみは生で食べられますか」と質問されることがあります。くるみは収穫後自然乾燥させてあり、生のまま食べることができます。産地では殻付きのまま保存し、その都度殻を割って生で使います。

　生くるみとはロースト（素焼き）してないものです。火を入れていないため、コリコリと軽やかな食感です。ローストするとカリッと香ばしい食感になります。ただ、ローストしたものは酸化が早まるので、食べる分だけを直前にするのがおすすめです。

くるみの実

　くるみは、やわらかく水分の多い普通の果物と違い、堅い種の中身（仁）を食べる堅果（ナッツ）の仲間です。栗やアーモンド、カシューナッツ等と同じです。産地でないと実全体を見る機会はなかなかない為、収穫期の実を写真でご紹介します。

くるみってこうなっているよ！

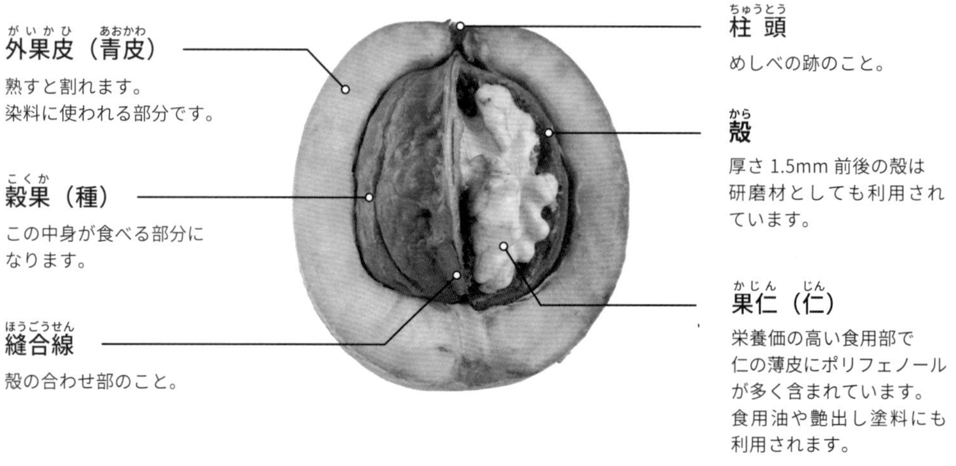
外果皮《がいかひ》（青皮《あおかわ》）
熟すと割れます。
染料に使われる部分です。
穀果《こくか》（種）
この中身が食べる部分になります。
縫合線《ほうごうせん》
殻の合わせ部のこと。
柱頭《ちゅうとう》
めしべの跡のこと。
殻《から》
厚さ 1.5mm 前後の殻は研磨材としても利用されています。
果仁《かじん》（仁《じん》）
栄養価の高い食用部で仁の薄皮にポリフェノールが多く含まれています。食用油や艶出し塗料にも利用されます。

くるみの種類と味

日本国内にはいろいろな種類のくるみが流通しています。
種類と味の特徴をわかりやすい系図で紹介します。
使用目的や好みに合わせて、新たなくるみの味を見つけるのもいいですね。

栽培種の原産地

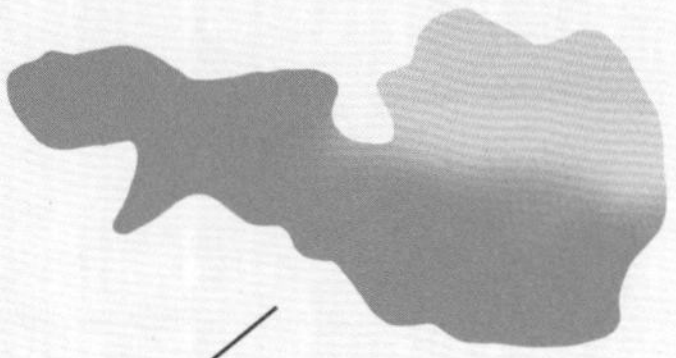

中央アジア
《ペルシャグルミの変種》
東まわりで中国・朝鮮から江戸時代に日本へ

西アジア
《ペルシャグルミ》
西まわりで欧米から明治時代に日本へ

日本の野生種

《オニグルミ》

全国に分布し、自生する古来より食用にされる

オニグルミの変種で分布に地域差がある

ペルシャグルミ
(西洋ぐるみ　)

大粒で楕円形が多い。味はすっきりとしていて香ばしく、歯ごたえが良い。市販の輸入品の多くはこの品種。むき身で流通するため、風味が落ちる。

テウチグルミ
(かしぐるみ)

栽培種の中では小粒だが、濃厚で風味の良い中身が殻いっぱいに入っている。

オニグルミ
(鬼ぐるみ)

殻が厚く堅いので割りにくく、中身が少ない。しかし味は濃厚で渋みもない。

ヒメグルミ
(姫ぐるみ)

ハート型でやや平たい。味は濃厚で渋みも少ないが、オニグルミよりやや淡白。

くるみの産地、
信州で自然交雑により誕生

くるみの産地、
信州で稀に見つかる

※（）括弧は日常名

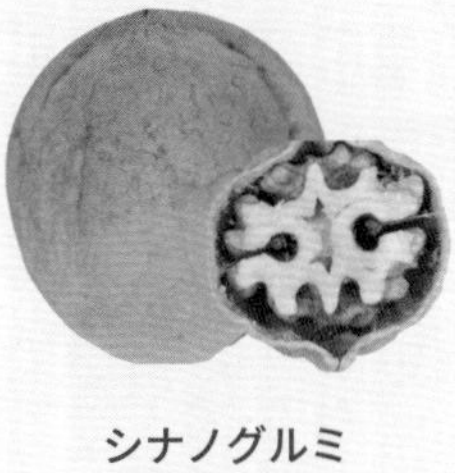

シナノグルミ
(信濃ぐるみ)

実が大きく殻が薄く、割りやすい。味はコクがあり香ばしく、風味もよい。

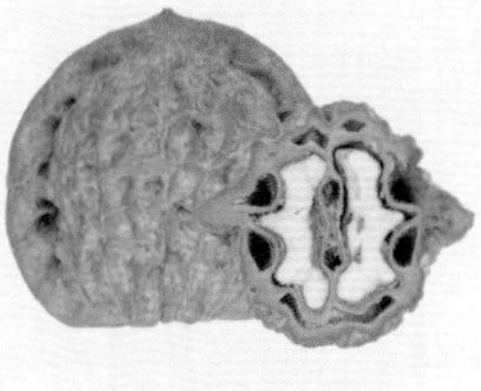

テモミグルミ
(手もみぐるみ)

希少珍品で殻が厚い。食用より、２個を手でもみボケ防止に利用。味はオニグルミと同じである。

オオバタグルミの化石

300 万年前～ 110 万年前まで栄えたくるみの祖先。東御市でも千曲川河岸の 130 万年前の地層から 2012 年に多数発掘されている。

くるみができるまで

ところで「くるみ」ってどのような木で、どんなふうに実はなるんだろうと考えたことはありませんか？

信濃くるみの苗木は東御市で生産されていて、市内の栽培希望者に販売されます。苗木を植えて3年目くらいから実がなり始め、10年間順調に育った木から本格的な収穫が可能となります。

一人前のくるみの木になるまで、まめに草を刈り、病害虫から守り、肥料を与え、剪定をして樹形を整えながら大切に育てます。そこから愛情を注いで栽培を続けると、50年以上にわたって収穫を続けることができます。

意外と知られていない「くるみの素顔」を、四季を追ってご紹介します。

春

桜の花が咲く頃、くるみの花も咲き始めます。別々に咲く雄花と雌花。長く垂れ下がった雄花が放った花粉を雌花が受け止めた時に、この年のくるみの物語が幕を開けます。受粉した雌花の下の緑色の球体が少しずつ大きくなり、徐々にくるみらしく育って行きます。信濃くるみの更なる繁栄を願い、新たに苗木を植えるのもこの季節です。

夏

青い実をならせて、涼しげに葉が生い茂ったくるみの樹。風が吹くとラムネのような甘い香りが、くるみの樹からふわっと広がります。炎天下のなかで下草を何度も短く刈る作業が、秋まで続きます。地道な作業を繰り返して病害虫からくるみの樹を守ることが、この時期の一番重要な仕事です。

秋

青い実が割れ、種＝くるみが顔をだします。いよいよ収穫の時期です。長い竹竿でくるみを叩き落とす、伝統的な収穫方法。落としたくるみを拾い集めたら専用の洗浄機できれいに洗います。広げて天日に当て全体が乾くように時々コロコロと動かし丁寧に乾燥させます。機械で熱乾燥させる外国産と違い、天日干しした信濃くるみは、旨味と栄養価を凝縮させたスーパーフードに仕上がります。

冬

くるみの木は冬眠に入ります。この時期を利用して剪定作業を行います。

背が高くなりすぎるのを抑え、すべての枝が太陽の光を浴びるよう形を整えます。木々の成長を想像しながらの生産者の個性が光る作業です。

くるみの栄養

おいしく食べて、健康増進

栄養機能　クルミの栄養成分

クルミはクルミ科クルミ属（Juglans.regia L.）の落葉高木の植物で、種子の仁を食べます。発芽に必要な成分を蓄えているため、脂質、たんぱく質に富んでいて、エネルギー値が高く、栄養価が高い食品です。他にもミネラルやビタミンＢ群、ビタミンＥなどバランス良く含んでいます。クルミの主な成分は可食部 100g 当たり、たんぱく質 14.6g、脂質 68.8g、炭水化物 11.7g、灰分 (ミネラル） 1.8 g、水分 3.1g で、エネルギー値が 674kcal と、食品成分表（日本食品標準成分表 2015 年版〈七訂〉）に記載があります。この成分値は輸入クルミを含むものです。国産クルミの栽培種、シナノクルミ（いくつかの品種）の一般成分値を実際に測定してみると、食品成分表の値と類似しています。

野生種のオニグルミの一般成分値を調べると、脂質約 60g、たんぱく質 23 〜 24g、炭水化物約７〜８g、灰分 (ミネラル) 約 2.8g、水分４〜５g です。輸入クルミやシナノクルミの方は脂質と炭水化物が高く、オニグルミの方はたんぱく質、無機質（ミネラル）が高いことから、栽培種と野生種の成分には、やや違いがあります。

健康機能　クルミの油と抗酸化力

● 脂質の特徴　機能を担う脂肪酸

クルミは脂質含量が 70%近くあり、高カロリーの食品です。脂肪酸は、脂質の主要な構成成分であり、その種類により様々な生理作用があります。クルミの脂質を構成する脂肪酸は約 90%が不飽和脂肪酸のリノール酸、α - リノレン酸、オレイン酸等です（日本食品標準成分表 2015 年版（七訂）、「同脂肪酸成分表編」)。近年、栄養機能で注目されているｎ -3 系脂肪酸のα - リノレン酸を、クルミは種実の中でも豊富に含んでいます。

n-3 系脂肪酸のα - リノレン酸、n-6 系脂肪酸のリノール酸は体内で合成できないので、食事から摂取しなければなりません。これらを必須脂肪酸と呼んでいます。体内で、α - リノレン酸からはイコサペンタエン酸（IPA)、ドコサヘキサエン酸（DHA）が、リノール酸からはアラキドン酸が合成されます。IPA、DHA は魚油に含まれ、リノール酸は植物油に多く含まれています。これらの成分は、動脈硬化や血栓を防ぎ、血圧を下げるほか、LDL コレステロールを減らすなど、さまざまな作用を持っています。ただし、クルミは脂質含量が高い食品なので、過剰摂取はエネルギーの過剰摂取につながるため、注意が必要です。カリフォルニアくるみ協会等は、１日に片手でひとつかみほどの量を推奨しています。

●機能性成分　ポリフェノール

ヒトは生命を維持するために酸素を呼吸で体内に取り込み、酸素を使って体の中で栄養分を分解して、エネルギーを得ています。呼吸で取り込んだ酸素の数%が活性酸素となり、体内に侵入してきた病原菌やウイルスを殺す白血球に必要ですが、過剰な生成は、細胞膜や遺伝子に損傷を与え、老化やさまざまな疾患（がん、動脈硬化、糖尿病合併症など）の原因となります。

生体には、有害な活性酸素から身を守るビタミン類（ビタミンC、ビタミンE、β-カロテン）や、酵素で分解して、活性酸素による組織への傷害を保護する働きがあります。毎日の食事では、活性酸素の害を防ぐ抗酸化力の高い、抗酸化ビタミンやポリフェノールなどを多く含む食品を食べて、健康を保つことが大切です。クルミには抗酸化物質のポリフェノール、ビタミンEが含まれます。クルミは種子（仁）ですが、種皮（薄い皮）には、ポリフェノールが高濃度で含まれます。種子の脂質を酸化から守る役割を果たしていると考えられます。ポリフェノールは栄養素ではありませんが、機能性成分として健康増進効果が期待されています。

クルミ種皮中の主要なポリフェノールはタンニンで、主なものは、エラジタンニン類です。これらは、強い抗酸化活性を示し、国内外の研究で、動脈硬化予防作用、肝保護作用、高脂血症改善作用、糖尿病予防作用、美白作用（メラニン生成抑制作用）が報告されています。クルミは調理しないで、そのまま食べることができる、とても便利な食品です。クルミを料理する時、種皮に含まれるポリフェノールが空気に触れることで、料理の色が褐色になっていきます。また、口に入れると、渋味を感じ、風味が落ちることから、種皮を剥がして利用することが多いようです。どの料理に用いるかにもよりますが、可能ならば、種皮ごと食べることにより、健康機能や美容効果がより期待できます。

伝承されてきた料理　健康増進のための先人からの知恵

世界的にもクルミの利用の歴史は古く、狩猟採集の時代には、貴重な食糧としてきました。

日本でも、縄文時代の遺跡からその殻が発見されています。ごく最近まで、山村で暮らす人々の食生活には大切な食材でした。長野県の郷土食では、北信の笹ずし、おやき、東信のおはぎ、佃煮、くるみの砂糖がけ、くるみだれ、南信の五平餅が有名ですが、使用するクルミの種類が地域により異なり、食文化と深く関わっています。家庭に伝承されてきた代表的なくるみ料理は、季節の野菜、芋、こんにゃくを使った「くるみ和え」があります。和え物は室町時代に寺院において発達した調理法で、野菜や乾物はそのままでは美味しく食べられないため、おいしく食べる調理、調味をしなければなりませんでした。そこで、豆腐や味噌、クルミやゴマをすって衣をつくり、下ごしらえをして、和え物に仕立てました。

季節の緑黄色野菜は、新鮮でビタミン、ミネラル、ポリフェノールも豊富です。野菜をゆで、すったクルミを調味した衣で和える。野菜は淡白な味なので、クルミの香りとコクが加わり、栄養成分、機能性成分と一緒においしく食べることができます。クルミは、よくすりつぶすことで消化、吸収が良くなります。

戸井田英子　公立大学法人長野県立大学健康発達学部

管理栄養士。
おいしく、簡単にできる、くるみのレシピ作りに取り組んでいる。

家にある道具で簡単に！

くるみの割り方

くるみは「種」です。

高い木の上から地面に落ちたときに割れないようにするためや、鳥などの動物に食べられないよう硬い殻でその身を守っています。

その一方で、信濃くるみは天日乾燥のため、土に埋めておくと発芽します。その際にパカッと殻が割れるような性質があるので、くるみの特徴を理解しておくといいでしょう。

殻の中に入ったくるみの実は、剥いたくるみより酸化が緩やかに進むため、殻を割って食べる方が断然風味豊かなんです。

でも、割るのって大変…とお思いではないですか？　簡単に割る方法を伝授します！

スプーンで簡単！チカラも必要なし！

1

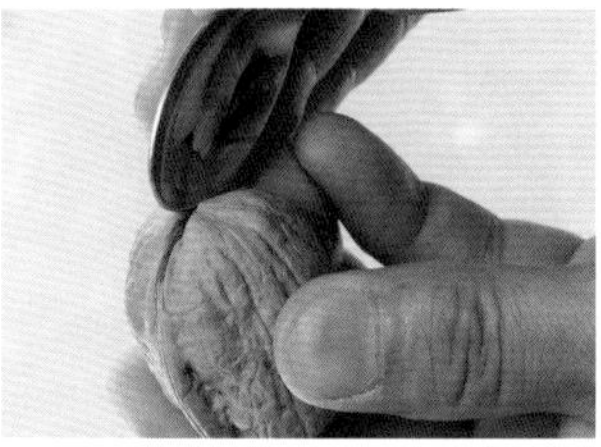

くるみのとんがっていない方には隙間があります。ここにスプーンやソムリエナイフ、マイナスドライバー等の先が薄いものを差し込みます。

2

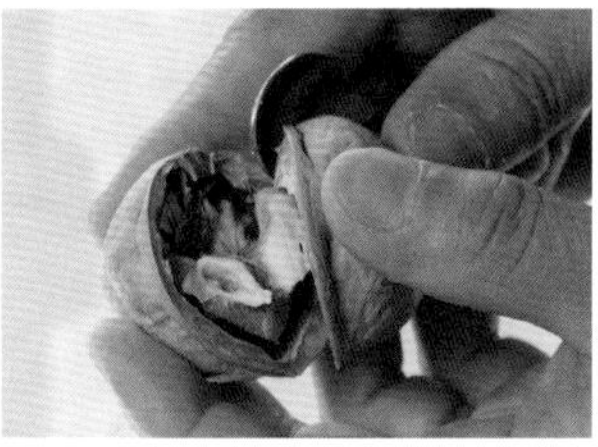

しっかり握って固定しながら、くるみを持つ手を左右にひねるように動かすと、殻がパカッと半分に割れます。

他の割り方も！

「かなづち」

シンプルにたたく。

（堅い台の上で）

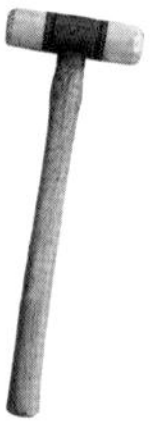

「料理用ハサミ」

ハサミのギザギザのところでも簡単に割れます。

「ペンチ型」

ホームセンターなどで手に入りやすいポピュラーなタイプ。

大量に割る場合は、押すだけの、こんなクルミ割り器も便利です！

昔ながらの愉快な くるみ割り器たち

なんと言っても有名なのはくるみ割り人形。ドイツの民芸品で、童話やバレエで世界中に知られています。他にも、くるみ好きなリスやさまざまな動物がモチーフのもの、ゆっくりネジを回して割ることを楽しむもの。また、ヨーロッパの家庭用は皿型で、木槌で割っても殻がまわりに飛び散らないように作られています。どれも、ぬくもりのある木製のもので実用的なものが多いので、いろいろな形のくるみ割り器を集めてみるのも楽しいですね。

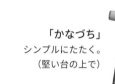

ふるさとのくるみレシピ

昔から、くるみが身近にあったこの地域では、お馴染みのくるみ料理が、各家庭で工夫を加えられながら脈々と受け継がれています。

料理の前に!

スグできる！くるみの下ごしらえ

くるみを割った後に、うす皮をむいたりするのも、身近にある道具で簡単に下ごしらえができます。レシピで使うくるみは、ここで紹介する方法でやってみましょう。

うす皮をむく

おもてなし料理だから、風味よく、見た目は美しく！という時に、ひと手間でうす皮をポロポロと取れやすくできます。

下記の目安で加熱後、手でもむか、串やようじの先でうす皮を取り除きます。やけどにはご注意を！

電子レンジの場合…皿の上に重ならないよう広げて 500W 約4分加熱
オーブンの場合…中段150℃ 5 ～ 6分加熱

くるみをする

すり鉢

昔ながらの方法。じっくりすりつぶすと香り高くなり、舌触りが滑らかになります。

ミキサー
（フードプロセッサー）

ボタン一つで砕く大きさの調整ができて、容器の中にそのまま調味料も加えられるのが便利。

チーズリーナー
（チーズ削り器）

コンパクトで少量を使いたいときに便利。空気を多く含むので「ふわっ」と仕上がります。

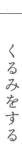

くるみ和え

季節の野菜を、くるみ味噌で和えます

材料(4〜5人分)

くるみ…20g
ほうれん草…200g（約 1 束）
にんじん…30g
こんにゃく…30g
塩…少々
○合わせ調味料
　みそ…20g（くるみと同量）
　砂糖…15 〜 20g（くるみと同量または好み）
　みりん…少々

POINT
白菜、いんげん、かぼちゃ、こごみ、ウド、夕顔など、それぞれの季節の野菜でもおたのしみください。

つくり方

1 ほうれん草は茹でて食べやすい大きさに切る。
2 にんじんは千切りにして茹でる。
3 こんにゃくは、から炒りして塩で下味をつける。
4 すり鉢でくるみをする。
5 合わせ調味料を **3** に入れ混ぜる。
6 具材に **4** を入れ和えて、盛りつける。

くるみ豆腐

なめらかで濃厚な風味

材料(3〜4人分)

【豆腐】
くるみ…50g
くず粉…80g
砂糖…大さじ 4
水…400ml
塩…少々
わさび…少々

【タレ】
しょうゆ…大さじ 1
砂糖…大さじ 1
水…大さじ 5
酒…小さじ 1
片栗粉…大さじ 1

つくり方

1 くるみをすり鉢で粒が無くなるまですりつぶし、水を加えてさらになめらかになるまですって裏ごしをする。
2 鍋に **1** とくず粉、砂糖、塩を入れてヘラでかき混ぜ、くず粉が溶けたら火にかける。
3 中火で 8 〜 10 分かき混ぜ、くず粉が透明になり全体がとろりと固まってきたら、弱火にして焦げ付かないように、こしが出るまで数分間練り上げる。
4 水でぬらした適当な容器に **3** を流し入れ、粗熱を取り、ラップをかけて冷蔵庫で冷やす。
5 タレは小鍋にタレの材料を全部入れ、弱火でかき混ぜ、全体が透明になったら完成。
6 豆腐が冷えて固まったら、ぬらした包丁で適当な大きさに切り、皿に盛りつけたらタレをかけ、わさびをのせて完成。

田作り

少し焦がして香ばしくすれば
酒の肴に相性ばっちり

くるみの砂糖がけ

子どもが大好き！
お茶菓子の定番

くるみの砂糖がけ

材料

くるみ…100g

○合わせ調味料
- 砂糖…50g
- 水…15ml
- しょうゆ…小さじ 1

田作り

材料

くるみ…45g

小魚…15g

○合わせ調味料
- 砂糖…40g
- みりん…小さじ 1
- しょうゆ…小さじ 1
- 塩…少々
- 水…10ml

つくり方

1 合わせ調味料をフライパンに入れ加熱する。

2 泡が大きくなったら〈写真 1〉、くるみ（と小魚）を入れ、良く混ぜながら、くるみにからめていく（弱火〜中火）。

3 サラサラ感が出てきたら、焦げる前に火から下ろし、皿にあけて冷ます。

2

1

干し柿とくるみにゆずが香る、
贅沢な三重奏

くるみの干し柿巻

材料（2～3人分）

干し柿…2個（大と小が良い）
くるみ…1個（中身が崩れないように割る）
ゆずの皮…少々（裏の白い部分を削ぎ取り千切り）

つくり方

1 干し柿2個の、上と下を少し切り落とし、縦に切れ目を入れ開く。

2 小さい方にゆずの千切りを、３～４本間隔を置いて並べる。

3 その上にくるみを置き、干し柿の両端から巻く。

4 包んだ干し柿の綴じ目を下にして、大きい方の開いた干し柿の中心に置き、両端から包み、切れ目を合わせる。

POINT

チーズやバターを加えてワインやブランデーと楽しめます！　冷凍保存しておけば来客時に重宝します♪

くるみゆべし

くるみたっぷりで歯ごたえが楽しい、
家庭で作れるお菓子

材料（2〜3人分）
くるみ…50g
白玉粉…100g
砂糖…60g
水（ぬるま湯）…120ml
しょうゆ…大さじ 1/2
片栗粉…適量

つくり方

1 くるみを粗めのみじん切りにし、フライパンでかるく炒る。

2 耐熱ボウルに白玉粉と砂糖、しょうゆ、水を入れ、なめらかになるまでヘラでよく混ぜる。

3 **2** にラップをして 600 Wの電子レンジで 2 分加熱し、ムラがないようよく混ぜる。

4 さらに **1** のくるみを加え、混ぜたら再び電子レンジで 2 分加熱する。

5 熱いうちによく練り混ぜたら、片栗粉を敷いたバットか平らな皿にあけて、平らに伸ばす。

6 粗熱がとれたら冷蔵庫で冷やして固め、包丁で食べやすい大きさに切って完成。

お祭りやお彼岸など、人が集まる時、お祝いなどのハレの日に、
たくさん作って味わってきました

くるみおはぎ

塩おはぎ

材料（20個分）
もち米…3合
くるみ…200g
○合わせ調味料
- 砂糖…100g
- 塩…小さじ1/2

味噌おはぎ

材料（約20個分）
もち米…3合
くるみ…200g
○合わせ調味料
- みそ…大さじ2
- 砂糖…100g
- 塩…小さじ1/2

つくり方

1 もち米を炊飯器の3合の目盛りまで水を入れて炊く。
2 すりこぎ（麺棒でも可）でくるみをつぶしながらすり、合わせ調味料を入れて混ぜる。
3 米が炊き上がり、30分蒸らしたら、すりこぎ等でご飯を半分くらいつぶし、分割して丸める（俵型）。
4 丸めたご飯を**2**に転がし、たっぷりまぶす。

主に南信州の囲炉裏端から伝わる郷土料理

五平もち

材料（2〜3人分）
ご飯…1 合（約 300g）
【タレ】（作りやすい分量）
くるみ…150g
白ゴマ…大さじ 2
○合わせ調味料
しょうゆ…大さじ 6
酒…大さじ 3
みりん…大さじ 4
三温糖…1 と 1/2 カップ
信州みそ…大さじ 1 と 1/2
しょうが…1 片（すりおろし）
さんしょう…適量

つくり方

1 合わせ調味料を器に入れ、電子レンジで砂糖が溶けるまで加熱する。
2 くるみと白ごまを炒ってからすりつぶし、**1** に加える。
3 ご飯をすりこぎ等で、よく突いて、丸め、楕円形に平たくし、両面をフライパンなどで焼き、串を刺す。
4 タレを **3** の片面に塗り、伸ばす。
5 タレの面を炙って、香ばしさを出す。

POINT
タレの分量は、たっぷりの量なので、小分けにして冷凍しておくと便利。

くるみ蕎麦

濃厚な、くるみダレの蕎麦つゆ

材料(5〜6人分)

くるみ…80g

◯つゆ

- みそ…80g
- 砂糖…大さじ 4
- 酒…小さじ 2
- 水…400ml

つくり方

1 ミキサーでくるみを少し砕く。

2 つゆをミキサーに追加して水を加え、さらに混ぜる。

3 できあがったつゆを器に入れ、お好みの薬味を添えて完成。

POINT

水を少し残しておき、なめらかになってから残りの水を足すと、均一に混ざりやすいです。

1

2

お正月や寒い時期に、こっくりとした
甘さで体が温まります

くるみしるこ

くるみしるこ

材料(2人分)
切り餅…4個
くるみ…80g
くず粉…大さじ1
水…大さじ2
(2倍の水で溶いておく)
水…400ml
砂糖…60～70g(お好みで)
塩…小さじ1

各レシピの調味料の分量は、代表的なものとなっています。各家庭のお好みで、味をみながら調整してください。

つくり方

1 くるみを電子レンジ(600W)で約3分加熱し、から炒り状態にする。
2 くるみを手でもみ、うす皮を取り、5gは粗くきざんで別にしておく(飾り用)。残りはすり鉢で油が出るまでする。水を少しずつ加えながら砂糖を入れ、なめらかなペースト状態になるまで更にする。
3 鍋に水と**2**を入れ、中火にかける。煮立ったら水で溶いておいたくず粉を混ぜながら加える。とろみが出たら塩を加えて味を調え、火を止める。
4 **3**の鍋に焼いた餅を入れ、弱火で鍋の中で汁にからめ、なじませたら火を止める。
5 器に盛り、餅の上にあらかじめ粗くきざんでおいたくるみをのせて完成。

〜受け継ぎ、伝えていきたい〜
ふるさとのくるみ料理

『親世代と暮らすことが主流だった頃は日々の暮らしの中で、おばあちゃんから郷土の料理を身近で教わることができました。
同じ名前の料理でも、各家庭それぞれの方法、工夫があり、味も少しずつ違います。地域の集いなどで、お茶を飲みながらお互いのレシピを交換し合い楽しんでいます。』

今回は、そんな家庭料理やお菓子のレシピをもっと多くの皆さんに知っていただき、ふるさとの味を受け継いで欲しいと、東御市くるみの里の素敵なお母さん達に、くるみ料理を伝授していただきました。

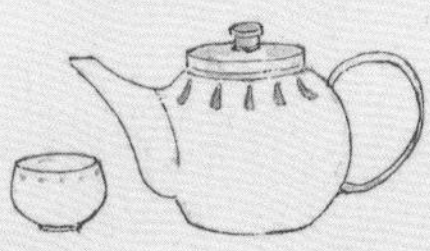

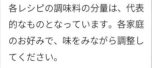

管理栄養士が考案！

創作くるみレシピ

健康や美容のために欠かせない栄養素が豊富なくるみを、もっと気軽に使っていただけるように、管理栄養士が考案したオリジナルメニューです。
いつもの食卓やお酒のおつまみ、おもてなしの場面で、くるみの魅力をお楽しみください。

レシピ監修　戸井田英子
野口美祥

シンプルな鯛のカルパッチョに
くるみ、ミニトマト、ディルをトッピングして華やかに

鯛のカルパッチョ

材料(2人分)
くるみ…10g
鯛の刺身…120g
レモン…1/6個
ミニトマト…3個
ディル…適量
オリーブオイル…大さじ1
塩…適量
ブラックペッパー…適量

つくり方
1 くるみをフライパンで焦がさないように炒る。
2 ミニトマトはくし切り、レモンは薄いいちょう切り、ディルは一口大に切る。
3 鯛の刺身を皿に盛り、オリーブオイル、塩、ブラックペッパーをかける。
4 ミニトマト、レモン、ディルをのせ、くるみを手で砕きながら振りかける。

野菜もお肉もしっかりとれるサラダ
大きめに砕いたくるみで満足感アップ

チキンとくるみのサラダ

材料(2人分)
くるみ…40g
鶏むね肉…300g
塩…少々
ホワイトペッパー…少々
ガーリックパウダー…少々
オリーブオイル…大さじ2
レタス…2枚
サニーレタス…1枚
ルッコラ…1株
りんご…1/8個
パルメザンチーズ…10g
ブラックペッパー…適量

【ドレッシング】
オリーブオイル…大さじ1
バルサミコ酢…大さじ1
しょうゆ…大さじ1/2

つくり方
1 くるみはフライパンで焦がさないように炒る。りんごは薄いいちょう切りにする。
2 鶏むね肉は塩、ホワイトペッパー、ガーリックパウダーを振り、オリーブオイルを熱し、フライパンで焼く。
3 レタス、サニーレタスを一口大にちぎり、ルッコラと合わせる。
4 3を器に盛り、食べやすい大きさに切った2をのせ、くるみ、りんごを散らす。
5 オリーブオイル、バルサミコ酢、しょうゆを混ぜ合わせたドレッシングをかけ、パルメザンチーズとブラックペッパーを振りかける。

くるみの歯ごたえと里いものねっとりした
食感をねぎ味噌で味わう

里いもと
くるみのねぎ味噌

材料(2人分)

くるみ…15g
里いも…150g
長ねぎ…10g
みそ…小さじ 2
みりん…小さじ 2
砂糖…小さじ 1 と 1/2

つくり方

1 里いもはよく洗って、皮つきのまま軟らかく茹でる。粗熱がとれたら皮をむき、食べやすい大きさに切る。
2 長ねぎは小口切りにする。
3 くるみはフライパンで焦がさないように炒る。
4 3に長ねぎを加えさっと炒め、調味料、里いもを加えて、さっと炒める。全体に味がからんだら、器に盛る。

くるみの生春巻き

エスニック料理によく使われるナッツをくるみにすれば、より風味が豊かに
甘酸っぱいくるみソースが食欲をかきたてます

材料(2人分)
くるみ…30g
ライスペーパー…4枚
むきえび…8尾
アボカド…1/2個
サニーレタス…2枚
きゅうり…1/2本
にんじん…1/4本
レッドキャベツ…1枚
ライム…1/2

【ナンプラーくるみソース】
くるみ…15g
ナンプラー…小さじ1
ライム果汁…小さじ1
豆板醤…適量
砂糖…小さじ1
酢…小さじ2

つくり方

1 【ナンプラーくるみソース】くるみをすり、ナンプラー、ライム果汁、豆板醤、砂糖、酢と混ぜ合わせる。

2 【生春巻きの具】くるみはフライパンで焦がさないように炒る。

3 むきえびは背わたを取り、茹でて冷ます。くるみを手で砕きながら振りかける。

4 アボカドは薄くスライス、サニーレタスは一口大、きゅうり、にんじん、レッドキャベツは千切りにする。

5 ライスペーパーを水に浸し、まな板に置く。真ん中に具をのせ、左右の皮を具にかぶせる。手前の皮を具に覆いかぶせ、しっかり押さえて巻く。

6 巻き終わりを下にして4等分に切り、皿に盛る。1のソースとライムを添える。

くるみのブルスケッタ

レバーパテ・くるみバター

くるみを使った2種類のブルスケッタ
おもてなし料理の前菜や簡単なおやつに

材料（2人分）
くるみ…10g
バゲット…8 切れ
市販のレバーペースト…大さじ 2
ドライトマトオイル漬け…2 個
セルフィーユ…適量
ピンクペッパー…適量

【くるみバター】
くるみ…60g
バター…25g
はちみつ…大さじ 2
塩…少々

つくり方

1 くるみ、バター、はちみつ、塩をフードプロセッサーにかけ、ペースト状にし、くるみバターを作る。

2 バゲットを薄くスライスし、トースターで焼き色がつくまで焼く。

【レバーペーストとくるみのブルスケッタ】

3 バゲットにレバーペーストを塗り、くるみ、ドライトマトのオイル漬けを飾る。

【くるみバターのブルスケッタ】

4 バゲットにくるみバターを塗り、セルフィーユ、ピンクペッパーを飾る。

にんにくとバターが効いたおつまみラスク
ビールやワインによく合います

くるみとベーコンのおつまみラスク

材料（2人分）
くるみ…40g
フランスパン…1/3本
厚切りベーコン…40g
にんにく…1片
バター…20g
オリーブオイル…大さじ1
マヨネーズ…大さじ1
ハーブソルト…適量

つくり方
1 にんにくはみじん切り、フランスパンは2cm角、ベーコンは1cm幅くらいに切る。
2 フライパンにバター、オリーブオイル、にんにくを入れて火をかける。バターが溶けたらベーコンを入れて炒める。
3 ベーコンに油がからんだらフランスパン、くるみを加え、マヨネーズを全体にかけて混ぜ合わせる。
4 ハーブソルトを振り、かるく混ぜる。
5 110℃に予熱したオーブンで30～40分、乾燥させるように焼く。

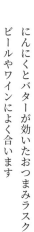

くるみは薬膳料理でよく使われる食材
体を温め、老化を防止すると言われています

くるみの薬膳スープ

材料(2人分)
くるみ…20g
鶏ささみ肉…1本
塩…少々
はちみつ…小さじ1
干しえび…大さじ1
しょうが…1/2片
生きくらげ(乾燥の場合は、3gを水で戻す)…30g
長ねぎ…1/5本
小松菜…1株
水…300ml
ナンプラー…小さじ1
ごま油…小さじ1/2

つくり方

1 干しえびを水300mlで戻す。
2 鶏ささみ肉を一口大のそぎ切りにし、塩、はちみつを揉みこむ。
3 しょうがは千切り、きくらげは細切り、長ねぎは斜め薄切り、小松菜は一口大に切る。
4 1と2を鍋に入れ火をつける。沸騰したら3を加えて煮る。
5 材料に火が通ったらナンプラー、ごま油を加える。
6 器に盛り、くるみを手で砕き入れる。

隠し味に信州みそを加えた
優しい味わいのポタージュ

くるみと豆乳のポタージュ

材料(2人分)

くるみ…40g
玉ねぎ…1/2個
じゃがいも…1個
水…400ml
顆粒コンソメ…小さじ1
豆乳…200ml
オリーブオイル…大さじ2
塩…少々
ホワイトペッパー…少々
信州みそ…小さじ1
くるみ（トッピング）…8g
青ねぎ…適量
ブラックペッパー…適量

つくり方

1 くるみは炒り、青ねぎは小口切りにする。
2 玉ねぎ、じゃがいもを薄切りにする。鍋でオリーブオイル、塩、ホワイトペッパーでしんなりするまで炒める。
3 2にくるみ、水、顆粒コンソメを加えてひと煮立ちさせ、ミキサーにかける。
4 3を鍋に移し、豆乳を加え、温める。
5 火を止め、信州みそを加える。
6 器に盛り、くるみ、青ねぎを飾り、ブラックペッパーを振りかける。

ゆで豚のくるみだれ

粒マスタード仕立ての「くるみねぎだれ」を、柔らかく茹でた豚肉にたっぷりかけておもてなしの大皿料理に

材料(2人分)

豚ばら肉かたまり…300g
長ねぎの青い部分…1 本分
しょうが…1 片
酒…200ml
塩…大さじ 1
はちみつ…大さじ 1/2
サニーレタス…1 枚

【くるみねぎだれ】
くるみ…30g
長ねぎ…1/2 本
おろししょうが…小さじ 1/2
しょうゆ…大さじ 2
はちみつ…小さじ 2
ごま油…小さじ 1
粒マスタード…小さじ 1
七味唐辛子…適量

つくり方

1 豚ばら肉に塩とはちみつをすり込み、30分ほど置く。
2 鍋に **1**、長ねぎの青い部分、しょうがの薄切り、酒とかぶるくらいの水を入れ、火をつける。沸騰後弱火にして 20分茹でる。
3 くるみを粗く砕き、みじん切りにした長ねぎ、おろししょうが、しょうゆ、はちみつ、ごま油、粒マスタード、七味唐辛子を混ぜ合わせる。
4 皿にサニーレタス、スライスした茹で豚を盛り、くるみねぎだれをかける。

信州牛のローストビーフ

濃厚なくるみアイヤードソースと甘酸っぱいバルサミコソースがローストビーフの旨味を引き立てます

材料（2人分）

牛もも肉かたまり…400g
塩…小さじ 1
ブラックペッパー…適量
オリーブオイル…大さじ 1
くるみ（トッピング）…20g
ベビーリーフ…適量
レモン…1/2 個
ミニトマト…4 個

【バルサミコソース】
バルサミコ酢…大さじ 2
しょうゆ…大さじ 1
赤ワイン…大さじ 1
砂糖…大さじ 1

【くるみアイヤードソース】
くるみ…60g
にんにく…2 片
オリーブオイル…50ml
バジル…2 枚
しょうゆ…小さじ 1
ブラックペッパー…適量
ビーフコンソメ 1/2 個をお湯 100ml で溶いたスープ

つくり方

1 【バルサミコソース】材料を鍋に入れ、ひと煮立ちさせて、冷ます。
2 【くるみアイヤードソース】材料を全てミキサーにかける。
3 牛もも肉は冷蔵庫から出し、30 分ほど置いて常温にする。塩、ブラックペッパーを揉みこむ。
4 フライパンにオリーブオイルを熱し、全体に焼き色をつけながら焼く。焼き色が付いたら蓋をして弱火で時々裏返しながら 5 〜 6 分焼く。
5 アルミホイルで2重に包み、30分ほど置く。
6 薄く切って皿に盛り、バルサミコソース、くるみアイヤードソースをかける。炒ったくるみを砕きながら振りかける。
7 ベビーリーフ、レモン、ミニトマトを添える。

クリームとくるみの風味のソースで、
魚の旨味を引き立てます

魚のムニエル くるみクリームソース

材料(2人分)

生鮭の切り身…2 切れ
塩…少々
こしょう…少々
小麦粉…適量
サラダ油…大さじ 1 と 1/2
バター…小さじ 2
ディル、タイム、パセリ等の
お好みのハーブ…適量

【くるみクリームソース】
くるみ…20g
生クリーム…100ml
白ワイン…25ml
塩…少々
こしょう…少々

つくり方

1 くるみはフライパンで焦がさないように炒り、粗く刻む。
2 鮭に塩、こしょうをして、小麦粉をつける。
3 フライパンに油を熱し、バターを加え、魚の表身（皮目）から焼いていく。焼き色を付け、内部に火を通すようにする。裏面も焼く。
4 3のフライパンをさっとふき、生クリーム、白ワイン、1のくるみを加え、弱火でとろみがつくまで煮つめ、塩、こしょうで味を調える。
5 器にソースを敷き、魚をのせ、ハーブを添える。

江戸時代の料理本『豆腐百珍』に登場するぎせい豆腐。
当時は、胡桃酢をかけて食べたようですが、野菜、しいたけと
一緒にくるみを煎り豆腐に加えて、焼きました

くるみのぎせい豆腐

材料(4人分)

くるみ…15g
木綿豆腐…200g
にんじん…15g
しいたけ…中1枚
サラダ油…少々
グリーンピース…7g
卵…2個
砂糖…大さじ1
薄口しょうゆ…小さじ2/3
塩…小さじ1/6

つくり方

1 くるみはフライパンで焦がさないように炒り、粗く刻む。
2 豆腐はペーパータオルに包み、電子レンジで600W 2分程度加熱し、ざるで水を切る。
3 にんじん、しいたけは長さ2㎝のせん切りにする。
4 鍋に油を入れ、**3**を炒め、ほぐしながら豆腐を入れ、汁がなくなるまで炒めて、砂糖、薄口しょうゆ、塩で調味し、冷ます。
5 ボウルに卵を溶きほぐし、**4**、グリーンピースを加え、よく混ぜる。最後にくるみを加え、さっと混ぜる。
※くるみは焼く直前に加えると変色が少ない
6 卵焼き器に油を熱し、**5**を流し、蓋をして弱火で焼き、焼き色がついたら、裏面も焼く。
※厚さは好みで調整する
7 食べやすい大きさに切り、器に盛りつける。

くるみコロッケ

みそ味で仕上げたホクホクのじゃがいもと、
くるみの食感がおもしろい定番メニューです

材料(2人分)

くるみ…15g
じゃがいも…2個 中サイズ
玉ねぎ…20g
にんじん…10g
豚ひき肉…20g
サラダ油…適量
みそ…大さじ 1/2
砂糖…大さじ 1/2
小麦粉…適量
卵…0.5個
パン粉…適量
揚げ油…適量
※好みでソースやくるみをかけて

つくり方

1 じゃがいもは軟らかく茹で、つぶす。
2 くるみはフライパンで焦がさないように炒り、粗く刻む。
3 玉ねぎ、にんじんは1cmの色紙切りにする。
4 フライパンに油をひき、玉ねぎ、にんじんを炒め、ひき肉を加え、ほぐしながら炒める。くるみ、みそ、砂糖を加えて混ぜ、火を止める。
5 1に4を入れ、混ぜて6等分し、小判型に形を整える。
6 小麦粉、溶き卵、パン粉の順につける。180℃の油で揚げ、器に盛りつける。

くるみいなり

五目おこわの中に、香ばしいくるみを混ぜ込みました

材料(2人分)

もち米…100g
うるち米…50g
水…180ml

くるみ…20g

油揚げ…3枚

A
- だし汁…100ml
- しょうゆ…大さじ1
- 砂糖…大さじ1
- みりん…大さじ1/2

にんじん…20g
ごぼう…10g
しいたけ…8g
鶏ささみ肉…40g
しらたき…15g

B
- だし汁…50ml
- しょうゆ…大さじ1
- 酒…大さじ1
- 砂糖…小さじ2

つくり方

1 もち米、うるち米を洗って水気をきる。定量の水に30分以上浸けてから、炊飯する。

2 油揚げは半分に切り、間をはがして熱湯で茹で、油抜きをし、よく水気をきる。Aの調味料を鍋で煮立てたら下処理を済ませた油揚げを入れ落とし蓋をして弱火で煮含めた後、そのまま冷ます。

3 にんじん、ごぼうはささがき、しいたけは薄切り、鶏ささみ肉は細かく、しらたきは食べやすい長さに切る。

4 鍋にBの調味料と3を入れ、煮つめる。

5 くるみはフライパンで焦がさないように炒り、半量は細かく刻む。

6 炊き上がったご飯に、4と5の刻んだくるみを混ぜ、2の中につめる。残りのくるみは上に飾り、器に盛りつける。

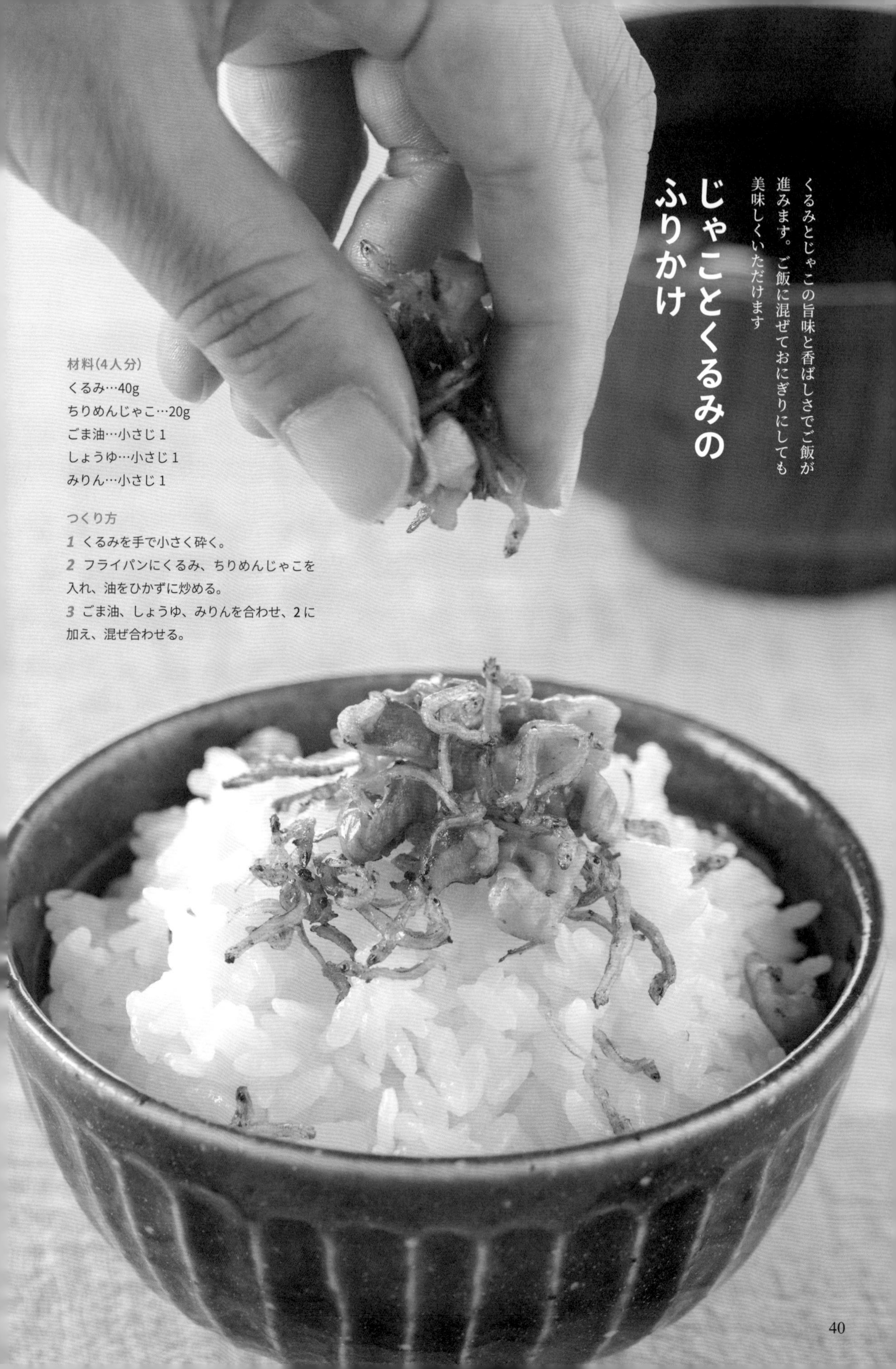

じゃことくるみのふりかけ

くるみとじゃこの旨味と香ばしさでご飯が進みます。ご飯に混ぜておにぎりにしても美味しくいただけます

材料（4人分）
くるみ…40g
ちりめんじゃこ…20g
ごま油…小さじ１
しょうゆ…小さじ１
みりん…小さじ１

つくり方
1 くるみを手で小さく砕く。
2 フライパンにくるみ、ちりめんじゃこを入れ、油をひかずに炒める。
3 ごま油、しょうゆ、みりんを合わせ、2に加え、混ぜ合わせる。

ナンプラーで仕上げたエスニック風焼きそばに
香ばしく煎ったくるみをトッピング

くるみと海老の
エスニック焼きそば

材料(2人分)

中華麺…2玉
むきえび…60g
玉ねぎ…1/2個
キャベツ…3枚
もやし…60g
にら…40g
サラダ油…大さじ1
ナンプラー…小さじ2
オイスターソース…大さじ1
こしょう…少々
にんにく（おろし）…小さじ1/2
くるみ…30g
パクチー…適量

つくり方

1 むきえびは背わたを取り、茹でる。くるみは炒る。
2 玉ねぎは1㎝幅のくし切り、キャベツ、にらは一口大に切る。
3 フライパンにサラダ油をひき、玉ねぎ、キャベツ、もやしを炒める。油がからんだらむきえびを加え、中華麺をほぐし入れる。
4 ナンプラー、オイスターソース、こしょう、おろしにんにくを混ぜ合わせて**3**に加え混ぜる。
5 火を止めてからにらを加え､かるく混ぜる。
6 器に盛り、くるみをのせる。お好みでパクチーを添える。

くるみうどん

卵とくるみのコクを楽しめるうどん
よくかき混ぜると風味が増します

材料(2人分)

うどん…2玉
卵…2個
青ねぎ…適量
くるみ…80g
しょうゆ…大さじ1
みりん…大さじ1
かつお節…5g

つくり方

1 くるみを粗く砕き、フライパンで焦がさないように炒る。
2 香ばしい香りが出たら火を止め、しょうゆ、みりん、かつお節を加えて混ぜ合わせる。
3 うどんを茹で、ざるにあげて湯切りする。
4 熱いうどんに溶き卵をからめ、丼に盛る。
5 2と小口切りにした青ねぎをかける。

ガレット
くるみジェノバソース

松の実ではなく、くるみを使ったジェノバソース
冷凍保存してパスタやじゃがいも料理にも

材料（2 人分）

【生地】
そば粉…50g
塩…少々
卵…1 個
バター…10g
水…100ml
油…少々

【トッピング】
ピザ用チーズ…50g
卵…2 個
ベビーリーフ…40g
スモークサーモン…50g
パルメザンチーズ…適量
ブラックペッパー…適量
くるみ…20g

【くるみジェノバソース】
(作りやすい分量)
バジル…80g
くるみ…20g
にんにく…2 片
オリーブオイル…160ml
塩…小さじ 1

つくり方

1 【くるみジェノバソース】の材料を全てフードプロセッサーに入れ、ペースト状にする。 トッピング用のくるみは焦がさないように炒る。

2 卵、溶かしバター、水を混ぜ合わせる。ボウルにそば粉と塩を入れ、卵液を少しずつ加えながらダマが無くなるまで混ぜる (できれば 30 分以上生地を寝かせる)。

3 熱したフライパンに油をひき、半量の生地を流す。フライパンを傾けて側面まで生地を広げる。

4 弱火にし、卵を一つ割り入れる。卵の白身が固まり始めたら、白身の上にピザ用チーズをのせる。

5 チーズが溶け、卵が固まってきたら側面の生地を折りたたんでいく。

6 皿にガレットを盛り、ベビーリーフ、スモークサーモンをのせ、くるみジェノバソースを散らすようにかける。

7 パルメザンチーズとブラックペッパーを振りかけ、くるみを散らす。

マスカルポーネチーズのセミフレッドに、
くるみの食感がアクセントになった大人のデザート
香り付けに、お好みでラム酒を加えて

くるみと
マスカルポーネチーズの
セミフレッド

材料(2人分)
生クリーム…200ml
全卵…1個
卵黄…3個
グラニュー糖…80g
マスカルポーネチーズ…150g
レモン果汁…大さじ1
くるみ…50g
ドライあんず…50g
メープルシロップ…適量
ミント…適量
ピンクペッパー…適量

つくり方

1 くるみは粗く砕き、炒る。ドライあんずは1cm角に切る。

2 全卵、卵黄、グラニュー糖を白っぽくもったりするまで混ぜる。

3 大きめのボウルに室温に戻したマスカルポーネチーズを入れ、軟らかくなるまで練る。

4 2を3のボウルに3回に分けながら加え、混ぜる。

5 別のボウルで生クリームを8分立てまで泡立て加え、切るように混ぜ合わせる。

6 レモン果汁、くるみ、ドライあんずを加えて混ぜ、ワックスペーパーを敷いた型に流し入れる。冷凍庫で一晩冷やし固める。

7 食べやすい大きさに切って器に盛り、メープルシロップをかける。ミント、ピンクペッパーを添える。

くるみのトライフル

香ばしいくるみとレモン果汁入りの
さっぱりとしたクリームのさわやかなデザート

材料（2人分）

くるみ…30g
カステラ…100g
生クリーム…100ml
グラニュー糖…大さじ 1
レモン果汁…小さじ 2
季節のフルーツ…適量
ミント…適量

つくり方

1 くるみはフライパンで焦がさないように炒り、冷ましておく。
2 生クリームにグラニュー糖、レモン果汁を加え、8 分立てにする。
3 カステラを一口大にちぎり、フルーツは食べやすい大きさに切る。
4 グラスに **2** のクリーム、カステラ、くるみ、フルーツを重ねながら盛りつける。
5 一番上にミントを飾る。

くるみの里の原風景

くるみと育った私は、今もくるみと一緒。笑いながら「くるみは家族みたいなもの」と言うことがあるが、本当にそう思っている。

孫に受け継ぎ、さらに未来へ、このくるみを連れて行って欲しいと願う。

かつて我が家の桑畑の端に、古いかしぐるみの樹があった。十月初めになると、くるみの青皮（外果皮）が割れてくる。
祖父が「くるみが笑（え）んできたから、くるみ取りに行くぞ〜」と言いながら、背負い籠と竹竿を持ち、小学生の私は拾い集めるオニザルを持ってついて行った。祖父が竹竿でたたき落としたくるみを、私は素手で青皮を剥き、ザルに集めた。拾いながら時々、生のくるみを小石で割り、仁の薄い渋皮をていねいにはがし、真っ白い実を口に投げ込む。あの口に広がる、淡いミルクのような風味と、コリコリとした食感は、いつまでも忘れない。
一時間も拾うと、手のひらや指先は、青皮から出る汁でまっ茶色に染まり、苦渋い味も染みついてしまった。この手の色が落ちるには一ケ月近くかかった。くるみの青皮が草木染の染料に使われると知ったのは大人になってからである。
祖父は20kgほど取れたくるみを背負い、家に戻りザルにあけ、用水路の水でガラガラと手でかき混ぜながら洗い流した。よごれが落ちたら、ムシロを敷いた蚕籠に広げ、軒下の日当たりの良い場所に干した。茶色く濡れていた実は、次第に明るい黄褐色に変わり、三週間後にはカラカラと軽い音がするまで乾き、十月末にはくるみが干し上がった。その頃には稲の脱穀も済み、新米の季節である。
母が「今年も取入れが済んだから、新米でくるみおはぎでも作るか」そう言うのを待っていた私は即座に「うん！」と返事をした。収穫の秋になると頭に浮かぶ、子供の頃の思い出である。
また、家には二〜三年おきに、正月に訪ねてくる叔父がいた。叔父は田舎の野菜料理は食べたが、ごちそうとして買ってきたまぐろの刺身などは、ひと切れ食べるだけだった。東京で新鮮な魚を食べているので、信州の山里まで来て、半分凍った刺身はうまくなかったようだ。
お酒も進み夕食になると、母は温かいくるみしるこに、野沢菜を添えて出した。酒好きで、甘い物はあまり食べない叔父であったが、くるみしるこだけは「これを食べると信州へ帰った気がするなあ」と、うまそうに汁まで飲み干した。
我が家では、来客があると、冬は温かいくるみしるこ、夏は冷たいくるみだれの蕎麦か、そうめんがおもてなしの料理であった。
また、季節ごとの野菜を使ったくるみ和えやくるみおはぎが、節目に食べるごちそうでもあった。豊富な栄養とおいしさで、くるみはいつもくらしの中にあった。
くるみの里の食文化が心を温め、受け継がれていくことを願っている。

文＝花岡澄雄

くるみを愛する、プロの料理人が特別にレシピ公開

料理人直伝 くるみレシピ

信濃くるみの「おいしさ」は、くるみ単体で味わうことでも十分に感じられますが、味覚の探求を常に続けるプロフェッショナルな料理人の手にかかると、長年培った技術と食材全般への深い洞察、その組み合わせの妙により生み出される一皿は、口にした瞬間から新たな喜びをもたらしてくれます。

日本一のくるみ産地の東御市で生まれて、くるみを身近なものとして育ち、料理人の道に進まれたシェフの方、東御ワインや食材だけでなく、人や古民家との出会いや職場としてのご縁に導かれて移り住んだ料理人の方々が、そのお店のスペシャリテとして提供されている「くるみを使ったレシピ」を特別に教えてくださいました。

そして、ご家庭でも作れる食のプロならではのレシピも今回の「信州くるみ日和」のためだけに考えていただきました。ホームパーティーやワイン会、お正月などのハレの日にもふさわしいレシピです。ぜひご家庭でチャレンジ

してみてください。このレシピの中に未来の郷土料理の種が播かれているかもしれません。

　また、このくるみのスペシャリテを実際に店舗で召し上がりに長野県東御市や、遠くフランスパリまで足を運んでみてはいかがでしょうか。その場所の風景や人との出会いを楽しめるのは、格別です。

ノルマンディー産地鶏のデグリネゾン くるみのペースト・白桃のソース

エチュード
Étude

Google map

14 rue du Bouquet de Longchamp 75116 Paris
TEL ＋ 33（0）1 45 05 11 41

東御市出身の山岸シェフ。日本、フランスの名店で修業後、2013 年 9 月にパリ 16 区でレストラン・エチュードを開業。乳製品を使わずシンプルに、旬の素材そのものの香りや食感を活かして、クラシックなフレンチをベースに、モダンな手法を取り入れて「風味」を伝えるオリジナリティあふれる料理は高い評価を得て、2018 年にミシュランで星を獲得。
今後さらなる活躍が期待されています。

材料

地鶏…1羽（骨付きで約2.5kg）

① クルミパウダー…50g
黒にんにく…100g
塩…10g

白桃…大2個
赤大根の芽…少量
レモンタイム…1パック
くるみ…20g
油…適量
オリーブオイル…適量
岩塩…10g

つくり方

1 地鶏を、胸肉・モモ肉をそれぞれ2枚ずつ、骨から外す。

2 適度な寸胴に、骨・内臓・岩塩10gを入れ、ひたひたの水と一緒に約6時間中火にかけ、鶏のブイヨンをとる。

3 白桃をよく水洗いし、種を取る。白桃と同量の冷やした2を、白桃と一緒にミキサーにかけて漉す。常温にしておく。

4 骨・皮をとったモモ肉2枚を、残った鶏ブイヨンでゆっくり火を入れ（60度で20分）、網にあげる。

5 粗熱をとった4と①をフードプロセッサーでよく回し、ボールに移し、粗く砕いたくるみ20gを加え混ぜ合わせる。

6 胸肉2枚の皮目だけを、油を入れ熱したフライパンで素早く色をつけ、その上に5をまんべんなく付ける。

7 常温のフライパンに6の身の方を下にして置き、100°Cのオーブンに3分入れる。3分後オーブンから出し、そのまま蓋をして休ませる。

8 その後、適量のオリーブオイルを塗り、再びオーブンへ。数回同じ作業を行い、火を入れる。

仕上げ お皿に3をひき、三等分にカットした7をのせ、赤大根の芽とレモンタイムを飾る。

家庭でもできるくるみ料理

ブルターニュ産手長エビ・くるみ・リンゴのタルタル

材料

手長えび…120g(約5尾)
※甘えび、車えび、白身魚でも代用可
塩…3g
くるみ…60g
りんご…小1個
オリーブオイル…適量
コリアンダー…1パック

つくり方

1 殻をむき、背わたを取り除いたえびに、分量の塩3gをまんべんなく振り、冷蔵庫で約1時間置き、水分を出す。

2 くるみはお好みの大きさに砕き、熱したフライパンで焼き色が薄くつくまで炒る。

3 水3：塩1の塩水を用意する。りんごをくし形に切り、種を取る。皮から5mmあたりのところを、皮に沿って切り落とす。皮は塩水に浸け、切り落としたりんごは粗めのみじん切りに。

4 1をクッキングペーパー等で水気をきり、粗めのみじん切りに。

5 ボウルに2、3（みじん切りにした方）、4、オリーブオイルを入れ、混ぜ合わせる。

仕上げ

1 3の塩水に浸けておいたりんごの皮の水気をしっかりきり、そこに5を適量ずつ盛る。

2 お皿にくるみ、コリアンダーを飾る。

プロが教えるお店のくるみ料理レシピ 02

季節の葉野菜とリコッタチーズのラビオリ 東御市産クルミと巨峰のソース

ノンナジーニャ

nonna ginia

東御市の農家に生まれ育ち、高校生の時に料理の道に進むことを決めて、日本のイタリアンの第一人者である落合務シェフのもとで研鑽を積み、トスカーナ州をはじめイタリア各地で自ら体感した豊かな食文化を広めるべく、2008 年に地元での開業を選びました。地域で見出した豊かな食材とワインを基本とした本格的なイタリア料理を提供し、東御の食文化の質を着実に高め続けています。

〒 389-0514 東御市加沢 682-2
TEL 0268-62-6780
FAX 0268-62-6780

Google map

材料（4人前）

ラビオリの皮
【詰め物】
大根葉…400g
春菊…250g
ほうれん草…250g
リコッタチーズ…300g
卵…2 個
パルメザンチーズ…80g
塩、ナツメグ、こしょう…適量

【ソース】
種なし黒オリーブ…4 ～ 5 粒
※ケッパー位に細かく刻む
ケッパー…10 粒程度
巨峰…20 粒
※皮をむき、種を取る。
※種無しでも可。果汁も使用。
くるみペースト…大さじ 2 杯
パルメザンチーズ・塩・こしょう
オリーブオイル・にんにく…適量

【くるみペースト】
剝きくるみ（皮つき）…200g
※ 150g はフードプロセッサーでペースト、50g は包丁で粗みじん切り
松の実…10g
にんにく…1 個
※ペースト状にしたくるみにニンニク、オリーブオイルを入れて混ぜる。

くるみペーストは冷蔵保存で 10日程度まで保存可能です

つくり方

1 詰め物を作る。野菜を茹でてみじん切りにする。
2 ボウルにリコッタチーズ、卵、パルメザンチーズ、野菜、塩、ナツメグ、こしょうを入れ混ぜる。※水気が多いときはパン粉を加える。
3 ラビオリの皮に包む。
4 フライパンにオリーブオイル、にんにくを入れ弱火できつね色になるまで加熱。
5 ラビオリを茹でる。
6 にんにくを取り出し、弱火のままケッパー、オリーブ、皮をむいた巨峰と果汁を加えて香りを出し、くるみペーストを加える。ラビオリの茹で汁で伸ばして火を止める。
7 茹で上がったら 6 のソースに加え、塩、パルメザンチーズで味を調え仕上げにこしょうをふる。

家庭でもできるくるみ料理

豚ロースのソテー くるみのクリームソース 豚ロースの白和え

豚ロースのソテー くるみのクリームソース

材料

豚ロースとんかつ用…1 枚 120 g 程度
牛乳…100ml
生クリーム…50ml
くるみペースト…大さじ 2
みそ…小さじ 1
干しぶどう…2 ～ 3 粒
くるみ…50g
小麦粉…適量
塩・こしょう…少々

つくり方

1 牛乳とくるみをフードプロセッサーにかけてペースト状にする。
2 干しぶどうをお湯で戻す。
3 豚ロース肉に塩・こしょうして小麦粉をつけ、フライパンで焼く。両面に焼き色を付けて取り出し、フライパンに牛乳を加えて少し煮詰める。
4 【ソース】フライパンに生クリーム、みそ、くるみペーストを加えて煮詰め、取り出した肉を戻す。肉に火が入ったらカットして皿に盛り、ソースをかける。その上に刻んだくるみ、戻した干しぶどうをかける。

豚ロースの白和え

材料

豚ロース薄切り…80 g　小麦粉…適量
豆腐…半丁　くるみ…50 g　牛乳…50ml
塩・こしょう…少々　オリーブオイル…適量
付け合わせ野菜…くるみ・パプリカ・インゲン
もち麦など

つくり方

1 鍋にお湯を沸かして塩を入れ、しゃぶしゃぶのように豚ロースを茹でて、氷水におとして冷ます。
2 豆腐はレンジで 2 分くらい加熱して、クッキングペーパーで包み水切りをする。
3 白和えソースを作る。フードプロセッサー (すり鉢でも可) で、水切りをした豆腐、くるみ、塩、牛乳を入れて混ぜ合わせてペースト状にする。
4 お好みの野菜を細かく刻み、塩、こしょう、オリーブオイルで味付けてから、くるみを加える。
5 ボウルに 3 のソースと 1 の肉を入れて和える。塩胡椒で味を調えて皿に盛り、付け合わせの野菜を添える。

プロが教えるお店のくるみ料理レシピ 03

東御産くるみときのこの「フォルマッジオ風」スパゲッティ

リストランテ フォルマッジオ

Ristorante formaggio

〒 389-0501 長野県東御市新張 682-2
TEL 0268-63-0121
FAX 0268-64-2880

Google map

東御市横堰地区で 1982 年に松岡夫妻が創業した日本を代表するチーズメーカー「アトリエ・ド・フロマージュ」の直営レストラン。国内外のコンクールで最高金賞を受賞する最高品質の手づくりチーズを柱に、地域の優良生産者の素材も活かして、創業者の薫陶を受けた岩シェフが、一貫して食文化の創造に取り組んでいます。

材料（2人前）

むきくるみ…40g
きのこ…50g
ドライトマト…10g
ルッコラ…5g
スパゲッティ…180g
バター…5g
オリーブオイル…10ml
パルミジャーノ…10g
にんにく…5g
白ワイン…5ml
硬質チーズ…15g

つくり方

1 くるみはローストしてみじん切りにする。きのこ、ドライトマト、ルッコラも別々にみじん切りにする。
2 鍋にオリーブオイル、バター、にんにくを入れ火にかけ、香りが立ったら1のきのこ、くるみ、ドライトマトの順にソテーし、白ワインを入れ、かるく煮る。
3 スパゲッティを茹で、2の鍋に入れ混ぜ合わせ、ルッコラ、パルミジャーノ、硬質チーズを入れ、かるく混ぜあわす。
4 皿に盛りつけ、くるみのみじん切り、パルミジャーノをお好みでふりかける。

家庭でもできるくるみ料理

鶏ささみとカマンベールチーズのくるみ衣揚げ

材料（2人前）

鶏ささみ…2本
むきくるみ…40g
カマンベールチーズ…20g
卵…1個
薄力粉…15g
水…10ml
塩・こしょう…少々

つくり方

1 鶏ささみは筋を取り除き、くるみは細かくみじん切りにしておく。
2 1のささみの真ん中に包丁で切れ目を入れ、たたきのばし、カマンベールを入れ、とじる。
3 ボウルに卵、水を入れホイッパーでよくかき混ぜ、薄力粉を入れ混ぜる。
4 3の中に塩・こしょうをし2のささみをくぐらせ、みじん切りしたくるみを衣に付ける。
5 170℃の油で揚げる。

プロが教えるお店のくるみ料理レシピ 04

くるみのサブレ 野菜のタルティーヌ仕立て くるみのソルベ添え

サンス

sens

東御市滋野地区の住宅街、名取シェフとご家族が営むフレンチの名店。地元産の旬の野菜を中心に、信州峯村牛やジビエに加え、自ら山に出かけて採取した天然きのこや山菜も魅力的です。その時にしか味わえない斬新なメニューと温かなおもてなしは、地元の人に加え、軽井沢や首都圏からのお客様にも愛されています。
旧店フルール・ドゥ・ペシェ モモカは、「サンス」に改名し、同敷地内に新店舗をオープンしました。

〒 389-0512 長野県東御市滋野乙 2211-1
TEL 0268-64-3220

Google map

パータブリゼ（サブレ）

材料

小麦粉…250g
バター…125g
くるみ…130g
塩…3g

つくり方

1 くるみを細かく刻んで 180℃のオーブンで 3 分ローストする。
2 小麦粉に塩を加えロボクープに入れる。
3 細かくしたバターを少しずつ 2 に加えて混ぜていく。
4 ローストしたくるみを 3 に加える。
5 4 をセルクルに敷いて 180℃のオーブンで 35 分火を入れる。

くるみのソルベ（シャーベット）

材料

くるみ…120g
牛乳…250ml
グラニュー糖…10g
水あめ…63g

つくり方

1 くるみを 180℃のオーブンで 3 分ローストする。
2 温めた牛乳に1を加えて10分香りを移す。
3 2 にグラニュー糖と水あめを加えて裏ごしして、アイスクリームマシンにかける。

仕上げ

サブレの上に、ドレッシングで和えたいろいろな野菜を盛り付けて、ソルベをのせる。

家庭でもできるくるみ料理

豚ミンチとくるみのそばがき包み

材料

【そばがき】
そば粉…100 g
水…300ml
【豚ミンチとくるみの詰め物】
豚ミンチ…280 g
きのこソテー…50 g
玉ねぎソテー…50 g
くるみ…60 g
塩・しょうゆ・オイスターソース…適量

つくり方

1 水を沸騰させたらそば粉を加え、弱火で加熱し、手につかなくなるまで混ぜる。
2 きのこは細かく刻んでソテーする。
3 玉ねぎもみじん切りにしてソテーする。
4 くるみは 180℃のオーブンで 3 分ローストする。
5 詰め物の材料を合わせてこねる。

仕上げ

1 そばがきをラップではさんで、麺棒で伸ばす。
2 伸ばしたそばがきの中に、混ぜ合わせた詰め物を入れて包む。
3 170℃の油で 10 分揚げる。

プロが教えるお店のくるみ料理レシピ 05

信州豚肩ロース肉のロースト 信濃くるみ風味 みどりレンズ豆のソース

ヴィラデスト ガーデンファーム＆ワイナリー カフェ

Villa d'Est Gardenfarm And Winery cafe

東御市のワイン産地化は、エッセイストで画家の玉村豊男氏がオーナーの「ヴィラデストワイナリー」から始まりました。国内トップクラスのワインと共に、ガーデンで採れたハーブや野菜、県内産の上質な食材を活かしたメニューで強く印象に残ります。レストランから、丘一面のワインブドウ畑や手入れの行き届いたガーデンが眺められ、目でも舌でも季節感を常に感じられる洗練されたレストランです。

〒 389-0505 長野県東御市和 6027
TEL 0268-63-7704（ご予約 午前 10 時〜午後 4 時）
TEL 0268-63-7373（総合案内）

Google map

材料（4人前）

豚肩ロース…500g
ディジョンマスタード…15g
塩・こしょう…適量
【クルミパン粉】
パン粉…15 g
無塩バター…8g
信濃くるみ…15g
【緑レンズ豆のソース】
緑レンズ豆…40g
フォン・ブラン（チキン・ブイヨン）…150g
塩・こしょう…適量
【つけ合わせ】
パプリカソテー…適量
じゃがいもエクラゼ…適量
ベビーリーフ…適量

つくり方

1 クルミパン粉をつくる。フライパンにバターを溶かし、パン粉を中火できつね色になるまで炒める。ローストしたくるみを混ぜる。

2 豚をローストする。豚肩ロース肉を開き、塩、こしょう、ディジョンマスタードを塗り、クルミパン粉を振ってから巻く。タコ糸でしばり、フライパンで表面を焼き、オーブンでローストする。

3 ソースをつくる。鍋に緑レンズ豆とフォン・ブランを入れ、沸いたら弱火で 25 分煮る。塩、こしょうで調味する。

4 じゃがいものエクラゼを中心に盛り、カットした豚肉のローストをのせる。レンズ豆のソースを流し、付け合わせを添える。

家庭でもできるくるみ料理

下地のクッキー生地

材料（9カット分 サイズ 5cm x 5cm）

薄力粉…250g
粉糖…95g
アーモンドプードル…40g
塩…1g
全卵… 1 玉（Mサイズ）
無塩バター…150g
ラズベリージャム…適量

つくり方

1 薄力粉、粉糖、アーモンドプードルは先にふるっておく。バターは角切りにしておく。ふるった粉の中に塩を入れてしっかりと混ぜる。

2 粉の中にバターを入れ、手でほぐしながらなじませる。

3 卵を入れてしっかり混ぜて練っておく。ラップ等で包み、一日冷蔵庫で寝かせる。

4 厚さ約5㎜ に伸ばして 180°Cのオーブンで 18 ～ 20 分、少し焦げ目がつくくらいまで焼成して、ジャムを塗っておく。

フロランタン生地

材料

信濃くるみ …75g
無塩バター…30g
グラニュー糖…45g
水飴…15g
はちみつ…15g
炒りごま…10g
生クリーム（38%）…30g
コーティング用チョコレート…適量

つくり方

1 くるみは細かく刻んでおく。その後、ごまと混ぜておく。水飴とはちみつは一緒にしておく。

2 鍋にバターを入れて加熱して溶かす。少し沸騰したらグラニュー糖、水飴・はちみつを入れて溶かす。

3 次にくるみを入れてしっかり混ぜて、生クリームを入れて少し沸かす。

4 210°Cのオーブンを用意する。先のクッキー生地の上に流し、木べら等で平らにして、オーブンで 5 ～ 6 分焼く。少し焦げ目がつくくらいが良い。

5 オーブンから出し、温かいうちに 5cm × 5cm にカットして冷ます。

6 コーティングチョコレートなどを適宜つけると良い。

プロが教えるお店のくるみ料理レシピ 06

猪くるみ味噌鍋

草如庵

So-jyoan

千曲川のほとりに位置する東御市布下地区に、養蚕農家だった築 150 年以上の豪壮な古民家をリノベーションした完全予約制の懐石料理店があります。京都の摘み草料理の名店で修業を積み、国内最高峰の宿泊施設で料理長を経て東御市で独立されました。この地でしか味わえない山のご馳走を、自らの手足で見出した食材と器で料理をつくり出し、贅沢な空間と共に五感を通して食の喜びが感じられます。

〒 389-0402 長野県東御市布下 165
TEL 0268-67-3910

Google map

材料

猪肉…1 人前 100g
ごぼう…20g
大根…20g
出汁…500ml
京白みそ + くるみ（1：1）…35g
信州みそ…15g
郡上みそ…少々

つくり方

1 猪肉を薄切りにして皿に盛りつける。
2 ごぼうはささがきに、大根はイチョウ切りにする。
3 3 種のみそとくるみをミキサーで攪拌する。
4 ごぼうと大根（生）をカツオだし汁 500ml に入れ、柔らかくなるまで煮る。
5 4 に 3 を加えて味付けする。

家庭でもできるくるみ料理

材料

くるみ…10g
シャインマスカット…4 粒

白和え衣
- 豆腐…１丁（400g）
- 砂糖…18g
- 塩…少々
- 薄口しょうゆ…少々
- ゴマペースト…少々

甘露煮
- 酒…少々
- 砂糖…18g
- くるみ…10g
- 濃口しょうゆ…少々

つくり方

1 砂糖、塩、薄口しょうゆ、豆腐、ゴマペーストをミキサーで混ぜて（白和え衣）をつくる。
2 くるみはかるく炒り、酒、砂糖、濃口しょうゆで甘露煮にする。
3 シャインマスカットを一口大にカットする。
4 白和えの衣で和える。

プロが教えるお店のくるみ料理レシピ 07

胡桃すり流し、秋茄子、キンキ、万願寺、銀杏

アートヴィレッジ 明神館

Art Village Myojinkan

〒 389-0406 長野県東御市八重原 1806-1
TEL 0268-67-0001

Google map

千曲川左岸の「八重原米」産地としても名高い東御市八重原地区の芸術むら公園内に、浅間連峰を一望できる天然温泉と美食が魅力の宿泊施設「アートヴィレッジ明神館」。現料理長は、剣道七段の腕前で、剣の道と同様に鍛錬を続けてきました。懐石料理を基本として、地元食材を存分に活かしつつ、県内外のゲストにまで喜んでいただけるよう、上質なおもてなしを提供されています。

材料

秋茄子…1本

きんき…ひとと切れ

万願寺とうがらし…1本

銀杏…1粒

くるみ
鰹だし
塩
しょうゆ　｝お好みの分量

つくり方

1 くるみをオーブンで焼き色がかるくつくまで焼き、あたり（すり）鉢でつぶしながらすっていく。

2 1に鰹だしを少しずつ入れてのばしてから、鍋に移して火にかけて、塩としょうゆでお吸い物の味にする。

3 秋茄子は焼いて皮をむき、万願寺とうがらしは焼いて、それぞれ八方地 (だし) に浸けておく。銀杏は炒ってから殻を割り、焼き目をつけておく。

4 きんきは串を打って塩焼きにする。

5 器に盛りつけて、すり流しを注ぎ完成。鍋で温めても良し。冷たい冷や汁で提供しても粋です。

家庭でもできるくるみ料理

里いも、くるみ田楽焼き、焼松茸

材料

里いも…小 5 ～ 6 個

松茸…1 本

※舞茸やエリンギでも可

稲穂…1 本

くるみ

八丁味噌

八重原信州味噌

砂糖

酒

みりん

しょうゆ

塩

つくり方

1 くるみのすり流しと同様に、あたり (すり) 鉢でくるみをすっておく。

2 田楽味噌をつくる。八丁味噌と八重原味噌を鍋に入れて1と合わせて、酒、みりん、砂糖で練り上げる。

3 里いもは 10 分間蒸して、半分だけ皮をむき田楽味噌を塗ってから焼く。

4 稲穂を高温の油で揚げてはじけさせる。

5 松茸に酒をふってから焼き、仕上げにしょうゆと塩で味つける。

6 里いもと松茸を器に盛り、稲穂を添えて仕上げる。

知りたい、くるみのことQ&A

文＝矢嶋征雄

Q くるみの木、実の特徴は？

A クルミは植物分類からすると、種子植物、被子植物、双子葉植物（２枚の子葉をもつ）、離弁花類、クルミ目、クルミ科（胡桃科）に位置し、果樹園芸学的には胡桃科、胡桃属に属する殻果類の総称名とされています。概略すると樹姿は喬（きょう）木性、葉は羽状複葉で小葉は奇数です。花は雌雄同株の異花で、それらの開花時期がことなっています。また果実は１顆内に１核を含み、核即ち殻果内部の仁を食用とします。

Q 日本のくるみの種類は？

A わが国の主な原生種にはオニグルミとヒメグルミ、サワグルミがあります。

これらは現在でも全国的に分布して自生していますが、三内丸山（青森県）、尖石（長野県）ほか各地の遺跡からも出土します。北アメリカ東部に現在でも野生しているバターグルミ類似の殻果の化石が本州や九州のほかシベリヤの鮮新世から発見され、バターグルミ～マンシュウグルミ～オニグルミになったという説もあります。 わが国のバターグルミ化石の最初の発見は宮沢賢治（1896 - 1933）らとされています。北上川の泥岩層から発見され、東北大学により同定されました。また、東御市でも2012年に、千曲川加沢地籍の河川敷でアケボノゾウと同じ130万年前の地層からクルミの化石が多数出土しました。この種はオオバタグルミと同定されています。このことからバターグルミは本邦産のオニグルミの古い祖先の一つとも考えられます。

博士のくるみ写真館

川沿いに多く自生し、殻の表面がゴツゴツしているのがオニグルミ（左）。表面がなめらかなものがヒメグルミ（右）で、混生している。味は独特の風味があり食用される。

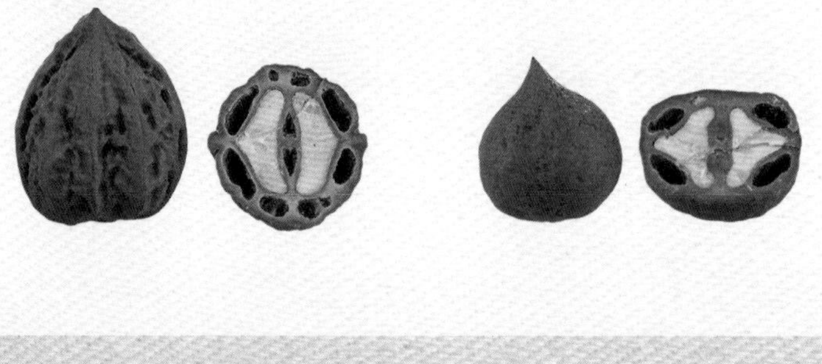

Q 栽培種のくるみの原産地と種類は？

A クルミ属植物はヨーロッパ、アジアおよび南北アメリカに 44 種ないし 15 種 あるとされています。そのなかで、世界各地で栽培利用されている種はペルシャグルミ (別名イングリッシュウォルナット) に由来する品種や系統で、原産地はヨーロッパ東南部よりアジア西部一帯、ペルシャ地方（現在のイラン付近）とされています。年平均気温 12~18°C位の温帯地域に分布しています。

ちなみに長野県で栽培される「シナノグルミ」はテウチグルミとペルシャグルミの雑種と考えられています。先に原産地のペルシャから中国、朝鮮を経由して渡来したテウチグルミはペルシャグルミの変種で、中国ではこれを薄皮胡桃または軟核胡桃と呼んでいます。本邦ではこれにテウチグルミ、トウグルミ、チョウセングルミ、カシグルミなどの名をつけていますがみな同じ種であると考えられています。可食部の割合が高く、世界各地の栽培品種の基本種でもあります。特にアメリカでは重要な殻果類の一つとして品種も多く、栽培方法加工技術も改良されています。

博士のくるみ写真館

ペルシャグルミの発祥地付近イランの最近の様子

手前が自生または旧栽培地、後方丘陵が最近の定植地
（撮影：テヘラン南西Tuyserkan近郊、Groovy Nute 東京都目黒区 佐川一郎氏 2016.10.）

Q「信濃くるみ」ってどんなくるみ？ 日本の優良品種系統はどうやって生まれたの？

A　ペルシャグルミのわが国への伝来は諸説ありますが、最近、平城宮発掘報告書によるとその自然遺物のなかにクルミ類が数多く出土し、それら在来野生種の他に渡来したテウチグルミも含まれており、中国原産の栽培種と同定されています（平城宮発掘報告書第２奈良国立文化財研究所 1962)。これらのことから、ペルシャ由来のテウチグルミは８世紀初頭の古事記が編纂された頃には既に中国、朝鮮から渡来していたと考えられ、それが栽培されるようになったのは 1800 年代（江戸時代中頃）といわれています。その後の渡来種が長野県に入った事例のなかで、1881 年（明治 14 年）佐久市塚原の生糸商池田静作が横浜で買い手のアメリカ人から殻果をもらい、種実として、数年後に結実した 12 個をさらに種としてできた実生苗を近隣に配布したといわれています。またその頃、同小県郡豊里村林之郷（現在の上田市）荒井仁三郎（1849 - 1937）は前記の池田の実を買い入れるとともにこれらの改良普及に尽力し、その功により顕彰碑が建立されています。

さらに、長野県では 1958 年（昭和 33 年）から３年間にわたり、信州大学、くるみ振興会などが中心となり、東信地方で栽培されていた自然交雑個体群からの優良系統選抜事業を行い、晩春（ばんしゅん)、要鈴一号（ようれいいちごう)、みづほ、美鶴（みつる)、豊笑（ほうしょう)、金豊（きんぽう)、豊園（ほうえん)、和光（わこう)、清玉（せいぎょく）の９系統を選抜しました。そしてこれらのうち、「晩春」は 1958 年農林省種苗名称登録 120 号として登録され、1960 年には信州大学繊維学部付属農場で選抜された「信鈴」（しんれい）が同 168 号として登録されました。現在では後に選抜された大果形のものに開花などの生態的特性を加え、雄花先熟種として清香（せいこう)、信鈴、要鈴を、雌花先熟のものとしては美鶴、東晃（とうこう)、豊園の１品種５系統を東御市の推奨品種として定めて栽培を奨励しています。

Q　なぜ東御市が生産日本一になったのか？

A　かつてシナノグルミ栽培の中心となったのは長野県中部東信地方のいわゆる「浅間の煙の見える地域」で、なかでも現在の佐久市や小諸市、東御市 (旧東部町) を中心とした地帯でした。東部町は戦後田中、和（かのう)、滋野（しげの)、祢津（ねつ）が合併した町で、栽培の中心となったのは和村でした。同村誌によると 1915 年（大正４年）秋、大正天皇の即位御大典記念として全戸に苗木を配布して栽培を奨励し、このことがクルミ産地形成の端緒となる事業であったと考えられます。地形的に雨量が少ない南面傾斜の火山性れき質土壌が栽培に適し、一時の栽培本数は 30,000 本に達したともいわれています。その後 1959 年伊勢湾台風による樹の倒伏や放任的な栽培にアメリカシロヒトリの駆除がおよばず、栽培を諦める場合も多く 2006 年（平成 18 年）の調査では 4,416 本に減少しました。しかし近年、有志や関係組織の努力により、2017 年（平成 29 年）の栽培本数は 7,808 本となり、現在も 10,000 本を目指して増植を進めています。

博士のくるみ写真館

収穫後、日光と風により自然乾燥をさせる。約３週間程で風味豊かでコクのある状態に干しあがる。

Q くるみの旬はいつですか？

A シナノグルミは雌雄花とも５月上旬から中旬にかけて開花します。開花後３～４週で果実の肥大生長の最盛期をむかえ、開花後 11 ～ 12 週（７月下旬～８月上旬）で肥大停止期となります。このことからクルミの果実はだいたい開花後２ヶ月半の間に肥大生長を終え、その後内容の充実に転じて熟成すると考えられます。実の収穫時期は外果皮の裂開状態をみて決めています。品種によって多少の早晩はあるようですが、だいたい９月下旬から 10 月上旬であり、成熟日数は早生種 110 日、晩生種 150 日くらいです。

収穫後は直ちに洗浄、天日乾燥して 11 月中旬には味コクが整い出荷できる状態となります。出荷時の乾燥状態は仁を仕切る隔壁（膜）が音をだして折れる程度を基準にしています。

Q くるみの保存方法は？

A 天日乾燥を十分に行ったあとは、通風によい日陰でさらに十分水分を取ってから密閉性の高い保管容器に入れて酸化を防ぎ、低温で保管するようにします。

貯蔵中に発生する害虫にはノシメマダラメイガ（ノシメコクガ）とよばれる 10 ミリ前後の小さな蛾があります。世界中に分布し年に３～４回発生して幼虫で越冬します。乾燥が不十分のまま貯蔵すると多く発生します。防除法としては収穫前に果実に産卵すると考えられますので収穫水洗後の乾燥を十分に行い、高温により発生が助長されるのでなるべく低温で貯蔵するようにします。主産地のカリフォルニアでは貯蔵温度 1.7℃、関係湿度 65％で貯蔵します。翌年の採収期まで安全に貯えられるとしています。

矢嶋征雄　元信州大学繊維学部附属農場・博士(農学)

1945年生まれ。専門は園芸学 「果樹倍数性育種学」。倍数性木本植物の形質発現をテーマに、人為的染色体操作による栽培技術の向上を目指した研究を行う。

くるみの名店紹介

東御市内で「くるみ」に出会え、お土産にもぴったりなお店をご紹介します。
くるみの美味しさをたっぷり実感してください。

くるみ菓子 花岡

長野県東御市田中179
TEL 0268-62-0236
WEB http://www.okashi-hanaoka.jp/

しなの鉄道 田中駅より徒歩5分。東御市田中商店街にある、くるみを使ったお菓子が豊富な創業百余年の老舗菓子舗です。

店内には和洋問わず80種以上のお菓子が並び、その中でも看板商品のくるみ菓子は30種類に及びます。

なんといっても一番人気は「胡桃の醍醐味」。くるみ入りのクッキー生地と、濃厚な焼きチーズケーキとの相性は抜群です。また、「くるみの初恋」は、メレンゲの甘くサックリ淡い口どけと、くるみの香ばしさが魅力的。最近人気の「くるみるく」は、くるみのたっぷり入ったキャラメル餡の最中です。コロコロした形の可愛さは、店の入り口のシンボルツリー・くるみの実から型を取ったそうです。

店内は広く、明るく落ち着いた雰囲気で奥にはカフェコーナーもあり、ゆったりとくつろげると世代を超えて好評です。県内に6店舗の支店があり、お土産にぴったりです。

道の駅 雷電くるみの里

長野県東御市滋野乙4524-1
TEL 0268-63-0963
WEB http://raidenkurumi.jp/

上信越自動車道　東部湯ノ丸I.C・小諸I.Cより約5分。サンライン沿いにあり、東御市の東の玄関口にあたる道の駅です。

地元の生産者の方々が、毎日採れたての農産物を出荷し、新鮮、安心、美味しいをモットーにしており、みずみずしさが抜群です。

とりわけ東御市特産の「信濃くるみ」は、店頭に並ぶと、すぐ売り切れてしまう人気ぶり。店内にはくるみの工芸品や土産品などが数多く揃い日々賑わっています。

またレストランではくるみを使った「くるみソフト」が人気。地元でもおなじみの定番メニューは「くるみおはぎ」「くるみそば」です。くるみ味噌の「わらじ焼き」や雷電を模ったくるみ入りの「雷電焼き」など、地元出身で江戸時代の名力士・雷電にちなむ商品にも力を入れています。

店舗の外にあるデッキからは、日本アルプスや浅間山、蓼科山、八ヶ岳など信州の山々を望むことができます。夕照の美しさは「東御十景」に選ばれるほど。お買い物も絶景も楽しめるオススメの道の駅です。

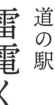

東御市
TOMIマップ
至 群馬県
湯の丸高原
高地トレーニング施設
牧舎みねむら
蕎麦の茶屋
丸山
リストレンテ フォルマッジオ P54
アトリエ・ド・フロマージュ
くるみ街道
サンファームとうみ
くるみ園
クリシェ
鞍掛
別府
雷電くるみの里 道の駅 P69
至小諸市
18
JA信州うえだ
東部営農センター
菅平入口
牧家
sens(サンス) P56
そば処さくら
ターブルヒュッテ
滋野駅
ノンナジーニャ P52
信州そば処
ふるさとの草笛
草如庵 P60
御牧乃湯・御牧苑
千曲川
鹿曲川
明神池
アートヴィレッジ
明神館 P62
至立科町

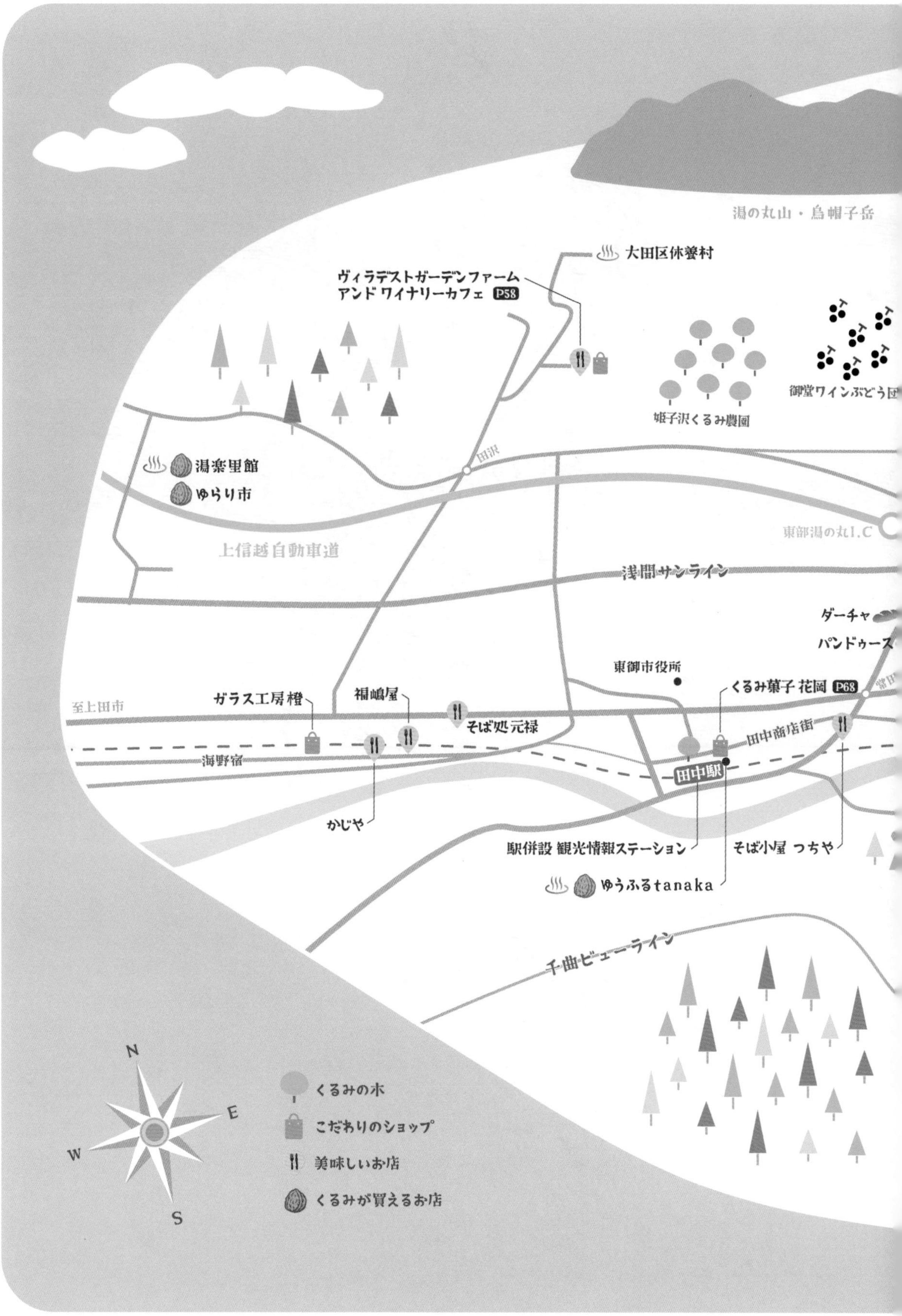
湯の丸山・烏帽子岳
大田区休養村
ヴィラデストガーデンファーム
アンド ワイナリーカフェ P58
姫子沢くるみ農園
御堂ワインぶどう
湯楽里館
ゆらり市
田沢
上信越自動車道
東部湯の丸I.C
浅間サンライン
ダーチャ
パンドゥース
東御市役所
くるみ菓子 花岡 P68
至上田市
ガラス工房橙
福嶋屋
そば処 元禄
田中商店街
海野宿
田中駅
かじや
駅併設 観光情報ステーション
そば小屋 つちや
ゆうふるtanaka
千曲ビューライン
N
E
W
S
くるみの木
こだわりのショップ
美味しいお店
くるみが買えるお店

編集を終えて *Impression*

くるみ日和の編集を通して感じたことを綴ります。

14 人の編集委員。それぞれの一日の仕事を終え、集まるのは夜 7 時。20 回の編集委員会と料理試作とレシピ作りそして、何回もの写真撮影を重ねてきました。四季折々のくるみに魅せられ、くるみを追うあっという間の一年でした。

地域の皆さんに伝授していただいたふるさとレシピ、東御清翔高校 家庭教養講座の生徒のみなさんが料理撮影会の応援に来てくれたこと、滋野里づくりの会のくるみ料理コンクールの作品を参考にさせていただいたこと、すべて感謝に堪えません。

皆様にくるみ料理に触れていただき美味しさを実感してもらえれば嬉しい限りです。そして今、わたくしたちに聞こえてきます。くるみ達の喜びのささやきが !!

すごいパワーの編集メンバーに感謝です。各家庭の他、東御市にくるみ料理の食事処や宿が増えるとうれしいな。

顧問　花岡澄雄

東御の魅力とくるみの魅力、そして関わる人にまたまた惚れ込みました。

編集長　花岡かつ子

生産者のひとりとして「信濃くるみ」が永く愛され続ける事を願います。

副編集長　齊藤哲

くるみの里のお母さん達から、ふるさとに伝わる、くるみ料理を学びました。次世代へ繋げるステップとなるよう努めます。

副編集長　竹内かをる

くるみの魅力により深く惹きつけられました。これからも大切に育てます。

事務局長　関泰秀

新たな仲間と最高の本ができました。新しいくるみの味を発見してください。

編集　関博一

携わった方々の情熱に、感謝したいと思います。

編集　和田尚志

普段何気なく食している東御のくるみの魅力を、改めて実感しました。

編集　土屋綾

東御のくるみの魅力がつまった「くるみ日和」がより多くの方々に届きますように。

編集　小木曽めぐみ

くるみと人との関りを学びました。くるみ料理を楽しんでいただけたら。

レシピ監修　戸井田英子

東御の美味しい食材、大切に育てている生産者様に改めて感謝します。

レシピ監修　野口美祥

小さなくるみの粒に秘められた魅力を、たくさん発見できました。

イラスト　大塚明歩

くるみの東御の魅力再発見となる良い機会をありがとうございました。

フォトグラファー　市川勲利

くるみのレシピを通して東御市を知っていただいて、「実際に行ってみたい」となってもらえたら嬉しいです。

デザイナー　浅川達也

くるみの里のレシピ集

信州 くるみ日和

kurumi biyori

2021年9月28日　発行

編　集　日本くるみ会議
〒389-0517　長野県東御市県281-2
東御市農林課内
☎0268-64-5894

発行者　木戸ひろし

発行元　ほおずき書籍株式会社
〒381-0012　長野県長野市柳原2133-5
☎026-244-0235
www.hoozuki.co.jp

発売元　株式会社星雲社（共同出版社・流通責任出版社）
〒112-0005　東京都文京区水道1-3-30
☎03-3868-3275

ISBN978-4-434-28968-2

●本書のレシピに関するお問い合わせは、日本くるみ会議までお願いします。

顧　問　花岡澄雄
編集長　花岡かつ子
副編集長　齊藤哲、竹内かをる
事務局長　関泰秀
編　集　関博一、和田尚志、土屋綾、小木曽めぐみ
レシピ監修　戸井田英子、野口美祥
イラスト　大塚明歩
フォトグラファー　市川勲利
デザイナー　浅川達也
会　計　船田寿夫
ふるさと料理　竹内美知子、有賀のり子、荻原けさみ
渡辺加代子、小泉佑子、高橋麦宇
花岡京子、花岡直子
レシピ協力　しげの里づくりの会

協　力　東御市農林課、JA信州うえだ
提　供　信州ファーム荻原、牧舎みねむら、とや原ファーム
器協力　桜井陶房　桜井芳孝

本誌のイラストは、
くるみの青皮から作られた
インクを使用しています。